장애인
금융·세금
가이드

장애인 금융·세금 가이드

2023년 9월 1일 초판 인쇄
2023년 9월 7일 초판 발행

지 은 이 | 신관식
발 행 인 | 이희태
발 행 처 | 삼일인포마인
등록번호 | 1995. 6. 26. 제3-633호
주 소 | 서울특별시 용산구 한강대로 273 용산빌딩 4층
전 화 | 02)3489-3100
팩 스 | 02)3489-3141
가 격 | 15,000원

ISBN 979-11-6784-190-2 03320

* 잘못된 책은 구입처에서 바꿔 드립니다.

장애인, 장애인 가족, 장애인복지 담당자를 위한

장애인 금융·세금 가이드

신관식 지음

SAMIL | 삼일인포마인

PROLOGUE

등록장애인과 이 책의 구성

저는 신탁 전문 세무사입니다. 신탁업의 장래가 화창할지 암연일지 아직 잘 모르겠습니다. 그러나 7년 동안 신탁업무를 하다 보니 이젠 인이 박혀 좌고우면하지 않고 앞만 보며 주행하고 있습니다. 심지어 최근에는 신탁과 신탁업이 재미있기까지 합니다. 보험회사 상품개발본부에 있을 때도, 증권사 상품전략실에 다닐 때도 재미는 없었거든요.

어느 유튜브에 제가 쓴 책을 홍보하러 나갔던 적이 있습니다. 가업승계에 관한 내용을 영상에 담았음에도 불구하고 댓글에 "장애인신탁의 1인자"라고 쓰여져 있었습니다. 솔직히 장애인신탁의 1인자라는 건 이 세상에 있을 수도 없을 뿐만 아니라 저와 어울리지 않는 타이틀입니다.

그러나 이런 생각을 해봤습니다. '기업가들을 위한 가업승계 책도 썼으니, 장애인신탁을 비롯한 장애인 금융과 세금에 대해 감히 한번 다뤄볼까? 만약 다루게 된다면 나와 나의 가족의 일이라고 생각하며…'

사회복지학 학사로 대학을 졸업하긴 했지만, 군대를 다녀오고 금융업계에 몸담으며 세무전문가로 진로를 변경한 지 약 20여 년이 되어갑니다. 솔직히 저와 제 가족들 먹고 살기도 바쁜 탓에 자원봉사, 사회복지, 사회공헌 등 선하고 따뜻한 일에는 다소 무관심했던 것 같습니다.

하지만 최소한 이런 생각들은 하면서 삽니다. 굳이 예를 들자면 저는 유명한 법언(法諺) 중에 '권리 위에 잠자는 자, 보호받지 못한다'라는 말을 가장 싫어합니다. 판사, 검사, 변호사조차도 우리나라에 존재하는 수많은 법률과 그 속에 담겨있는 수많은 권리들을 죄다 아는 건 아니지 않습니까? 만약, 그 권리가 무엇인지 교육받지 못했다면? 정신적으로 그 권리가 어떤 것인지 알 수 없는 상황이라면? 권리를 알고 있어도 말을 못하거나, 보지 못하거나, 움직일 수 없다면? 과연 그런 사람들이 권리 위에 잠자고 있다고 치부할 수 있을까?라고 말이지요.

그래서 마음을 단단히 먹고 이번 책 「장애인 금융 · 세금 가이드」를 쓰게 되었습니다. 이 책은 과거 사회복지학을 전공했던 저의 희미한 지식과 기억들이 편린처럼 박혀있고, 금융회사 이곳저곳을 전전하며 17년 넘게 경험한 저의 피같은 노하우가 담겨있으며, 변신에 성공한 세무전문가로서 저의 기본 역량이 주입되어 있습니다.

시중에 발간된 장애인 관련 여러 서적들 가운데 이 책의 목적과 성격이 유사한 책을 찾을 수 없어 매우 고생했습니다. 그럼에도 불구하고 하나의 기초가 되었던 것은 보건복지부 또는 각 시 · 군 · 구청에서 매년 발간하는 '장애인복지 사업안내서'였습니다. 이 책의 골격과 전개방식을 설계하는데 많은 도움이 되었지만, 막상 안내서의 내용을 싣게 되면 중언부언이 될 것 같아 정부 주관의 장애인복지 사업내용은 요약하여 담았습니다.

이 책을 쓰면서 정부의 각 부서, 여러 지방자치단체, 금융감독원, 서민금융진흥원, 국세청, 통계청, 국가법령정보센터, 우체국, 은행 등 여러 금융회사의 홈페이지들을 반복적으로 검색하였고, 파편처럼 흩어진 언론기사 및 블로그, 인터넷 카페 자료들을 수집하고 검증했습니다. 초판이라 많이 부족할 수도 있지만 처음은 그럴 수도 있다라고 양해해주신다면 그저 감사할 따름입니다.

먼저, 이 책을 좀 더 풍부하게 이해하기 위해서는 몇 가지의 기본적인 사항들을 짚고 넘어가야 합니다.

우리나라에서 장애인은 크게 ① 장애인복지법(보건복지부 고시 포함)에 따라 신청, 심사 등의 절차를 거쳐 **'등록된 장애인(이하, 등록장애인)'**과 ② 세법 등 각종 법령에 근거하여 등록장애인 수준의 권리가 발생하는 **'법령상 장애인**(소득세법 시행령 제107조에 따른 중증환자 등)'으로 구분할 수 있습니다.

정부는 장애인에게 체계적이고 일관된 복지서비스를 구축하고 제공하기 위해 장애전문심사기관과 연계하여 장애인 등록 신청자의 정확한 장애 상태를 평가하고 심사하며, 심사결과에 따라 정해진 기준에 부합하는 신청자를 장애인으로 등록하고 있습니다. 이렇게 정부에 등록된 장애인을 소위 등록장애인이라고 합니다.

1982년 심신장애자복지법 시행규칙과 1991년 장애인복지법 시행규칙이 전면 개정되면서 등록장애인의 제도적 기반이 마련되었고, 2007년부터 장애등급 심사제도를 시행하고 있으며, 장애의 세부 유형과 범위, 관련 용어가 점차 확대 및 개선되어 오다가 2019년 7월에는 장애등급제가 폐지되어 현행 제도에까지 이르게 되었습니다.

따라서 **현재는 등록장애인을** ① **장애의 정도가 심한 장애인**(**장애등급제 폐지 전 1~3급으로, 이하 중증장애인**)과 ② **장애의 정도가 심하지 않은 장애인**(**장애등급제 폐지 전 4~6급으로, 이하 경증장애인**)으로 구분하고 있습니다. 2022년도 말 기준 통계청 국가통계포털자료에 따르면 우리나라의 **등록장애인은 265만 2,860명**(남자 153만 4,655명, 여자 111만 8,205명)입니다.

장애 유형 및 성별에 따른 등록장애인 인원

(통계청, 2022년 말 기준) (단위: 명)

장애 유형별	2022년		
	총원	남자	여자
合 인원	2,652,860	1,534,655	1,118,205
지체	1,176,291	683,183	493,108
청각	425,224	223,500	201,724
시각	250,767	148,909	101,858
뇌병변	245,477	141,222	104,255
지적	225,708	135,959	89,749
신장	105,842	62,955	42,887
정신	104,424	52,921	51,503
자폐성	37,603	31,324	6,279
언어	23,349	16,581	6,768
장루 · 요루	16,779	10,436	6,343
간	15,066	10,507	4,559
호흡기	11,451	8,433	3,018
뇌전증	7,076	3,848	3,228
심장	5,078	3,281	1,797
안면	2,725	1,596	1,129

장애인복지법 시행령에서는 장애를 크게 신체적 장애와 정신적 장애로 나누고 있습니다. ① **신체적 장애**는 **외부 신체기능 장애**(지체장애, 뇌병변장애, 시각장애, 청각장애, 언어장애, 안면장애)와 **내부 신체 기관 장애**

(신장장애, 심장장애, 간장애, 호흡기장애, 장루 및 요루 장애, 뇌전증장애)가 있습니다. ② **정신적 장애**는 지적장애(과거 정신지체 장애라고 불렸으나 2007년 10월 15일부터 지적장애로 법률 용어가 변경)와 자폐성장애로 구분되는 **발달장애**와 조현병 등으로 대표되는 **정신장애**가 있습니다.

장애인복지법 시행령(별표1)에 따른 장애 유형

대분류	중분류	소분류	세분류
신체적 장애	외부 신체기능의 장애	지체장애	절단장애, 관절장애, 지체기능장애, 척추장애, 변형 등의 장애
		뇌병변장애	뇌의 손상으로 인한 복합적인 장애
		시각장애	시력장애, 시야결손장애, 겹보임(복시)
		청각장애	청력장애, 평형기능장애
		언어장애	언어장애, 음성장애, 구어장애
		안면장애	안면부의 추상, 함몰, 비후 등 변형으로 인한 장애
	내부기관의 장애	신장장애	투석치료 중이거나 신장을 이식받은 경우
		심장장애	일상생활이 현저히 제한되는 심장기능 이상
		간장애	일상생활이 현저히 제한되는 만성 · 중증의 간기능 이상
		호흡기장애	일상생활이 현저히 제한되는 만성 · 중증의 호흡기기능 이상
		장루 · 요루장애	일상생활이 현저히 제한되는 장루 · 요루
		뇌전증장애	일상생활이 현저히 제한되는 만성 · 중증의 뇌전증

대분류	중분류	소분류	세분류
정신적 장애	발달장애	지적장애	지능지수가 70 이하인 경우
		자폐성장애	소아청소년 자폐 등 자폐성장애
	정신장애		조현병, 조현정동장애, 양극성정동장애, 재발성 우울장애, 뇌의 신경학적 손상으로 인한 기질성 정신장애, 강박장애, 투렛장애(Tourette's disorder), 기면증

2019년 7월 1일부터 장애등급제가 폐지되면서 현재는 등록장애인을 중증장애인과 경증장애인으로 신규 등록 및 구분하고 있습니다. 그러나 2019년 7월 이전에 장애등급을 받은 등록장애인들도 있기 때문에 연금, 급여, 수당 등 복지서비스 제공의 혼선을 줄이고자 **'과거 장애등급 1급부터 3급까지는 중증장애인'**으로, **'과거 장애등급 4급부터 6급까지는 경증장애인'**으로 간주하고 있습니다. 따라서 이 책에서는 독자들의 이해를 돕기 위해 중증장애인을 '등록장애인 중에서 중증장애인(舊 1~3급)', 경증장애인을 '등록장애인 중에서 경증장애인(舊 4~6급)'으로 표현하였음을 인지하여 주시고 너그럽게 양해해 주시기를 당부드립니다.

2019년 7월 1일 장애등급제 폐지에 따른 전후 대비표

장애 정도 장애 유형		심한 장애인(중증장애인)			심하지 않은 장애인(경증장애인)		
		종전 1급	종전 2급	종전 3급	종전 4급	종전 5급	종전 6급
1. 지체장애	상지절단	○	○	○	○	○	○
	하지절단	○	○	○	○	○	○
	상지관절	○	○	○	○	○	○
	하지관절	○	○	○	○	○	○
	상지기능	○	○	○	○	○	○
	하지기능	○	○	○	○	○	○
	척추장애		○	○	○	○	○
	변형장애					○	○
2. 뇌병변장애		○	○	○	○	○	○
3. 시각장애		○	○	○	○	○	○
4. 청각장애	청력		○	○	○	○	○
	평형			○	○	○	
5. 언어장애				○	○		
6. 신장장애			○			○	
7. 심장장애		○	○	○		○	
8. 호흡기장애		○	○	○		○	
9. 간장애		○	○	○		○	
10. 안면장애			○	○	○	○	
11. 장루 · 요루장애			○	○	○	○	
12. 뇌전증장애			○	○	○	○	
13. 지적장애		○	○	○			
14. 자폐성장애		○	○	○			
15. 정신장애		○	○	○			

많은 분들이 저에게 '의사의 장애 진단서 혹은 소견서'만 있으면 등록 장애인이 바로 될 수 있냐는 질문을 합니다. 그렇지 않습니다. 장애인으로 등록을 하려는 사람은 먼저 읍 · 면 · 동 주민센터에 가서 담당 공무원에게 상담을 받고, 장애 정도 심사용 진단서 등 구비서류를 갖춰 장애인 등록 신청 및 접수를 하며, 국민연금공단의 장애 정도 심사 절차를 거쳐 심사결과에 따라 장애인으로 등록됩니다. 장애인 등록 세부 프로세스와 장애 정도 심사용 진단서, 장애인 등록 신청 서식은 다음과 같습니다.

장애인 등록 절차

절차	담당
(1) 장애인 등록 상담	시 · 군 · 구(읍 · 면 · 동)
(2) 장애 정도 심사용 진단서 및 구비서류 발급	장애진단기관(의료기관)
(3) 장애인 등록 신청 및 접수 ※「장애인 등록 및 서비스」 필수 접수 (장애인복지법 시행규칙 별지 제1호의4 서식)	시 · 군 · 구(읍 · 면 · 동) ※ 구비서류 확인 시 공단지사 협조
(4) 국민연금공단으로 장애 정도 심사 요청	시 · 군 · 구(읍 · 면 · 동)
(5) 장애 정도 심사, 시 · 군 · 구(읍 · 면 · 동)에 통보 (자료부족 시 자료보완 또는 직접진단, 심사반려)	국민연금공단
(6) 심사결과 확인 및 장애인 등록	시 · 군 · 구(읍 · 면 · 동)
(7) 신청인에게 심사결과 통지	시 · 군 · 구(읍 · 면 · 동)
(8) 민원상담 및 사후관리	시 · 군 · 구(읍 · 면 · 동)

* 자료: 보건복지부, 「제1권 2023년 장애인복지 사업안내 1(장애인등록 등)」

장애 정도 심사용 진단서 서식(장애인복지법 시행규칙 서식 별지 제3호)

■ 장애인복지법 시행규칙 [별지 제3호서식] <개정 2019. 6. 4.>

장애 정도 심사용 진단서

진 단 대 상 자	성 명		성 별
	주민등록번호		
	주 소 (전화번호:)		
장애 상태	장애유형		
	장애 부위 또는 질환명		
	장애원인		
	장애 발생 시기		
진료기관 및 의사	의료기관	의사	진료기간 . . ~ . . .
	의료기관	의사	진료기간 . . ~ . . .
진단의사의 소견	※ 장애 정도 판정기준에 따라 검사항목 · 검사결과 · 장애 상태를 구체적으로 기재		
재 판 정	필요사유	재판정할 시기	

「장애인복지법」 제32조 및 같은 법 시행규칙 제3조 제3항에 따라 장애 진단 결과를 통보합니다.

년 월 일

진단의사명 (서명 또는 인)
(의사 면허번호)
(전문의 자격번호) (전문의 과목)

진단기관명 직인

시장 · 군수 · 구청장 귀하

유의사항 및 작성방법
1. 장애진단 및 진단서 발행 시 진단 받는 자가 본인임을 확인해야 합니다. 2. 성명, 주민등록번호 등을 위조하거나 변조할 수 없도록 투명테이프 처리한 후에 장애진단의뢰기관에 송부함을 원칙으로 하되, 부득이 사람을 통해 교부하는 경우 봉투의 봉합부분에 의료기관의 간인을 찍어야 합니다. 3. 장애유형은 「장애인복지법 시행규칙」 제2조에 따른 장애유형을 기재합니다. 4. 진단의사의 소견란에 X-ray 촬영 여부 등 구체적인 사항을 기재해야 하며, 보건복지부 고시에 따른 장애 정도 판정기준에 부합해야 합니다. 5. 장애심사와 관련하여 장애진단을 위한 진료기록 등을 사후에 확인할 수 있습니다.

210㎜×297㎜[백상지(80g/㎡) 또는 중질지(80g/㎡)]

장애인 등록 신청(장애인복지법 시행규칙 서식 별지 제1호의4)

■ 장애인복지법 시행규칙 [별지 제1호의4서식] <개정 2022. 9. 6.>

장애인 등록 및 서비스 신청서

※ 색상이 어두운 난은 신청인이 작성하지 않고, [ ]에는 해당되는 곳에 √표를 합니다. (4쪽 중 제1쪽)

접수번호	접수일자	처리기간 별도안내

장애인 (본인)	성명	여권상 영문성명	
	주민등록번호(외국인등록번호 또는 국내거소신고번호)		성별 [ ]남 [ ]여
	사회보장 [ ]수급자 [ ]차상위계층 [ ]기타		휴대전화
	(현)주소		전화번호
통지방법	□ 서면 □ 전자우편( ) □ 문자메시지서비스(SMS) □ 기타( )		

법정대리인 또는 보호자	성명	장애인(본인)과의 관계	주민등록번호(외국인등록번호 또는 국내거소신고번호)
	주소		전화번호
복지욕구	[ ]직접적 소득(장애인연금 등) [ ]간접적 소득(감면 등) [ ]건강 및 의료 [ ]고용 [ ]주거 [ ]일상생활 [ ]보육 및 교육 [ ]문화 및 여가 [ ]안전 및 권익		

국가유공자, 보훈보상·지원대상자로서 상이등급(1~7급)을 받은 자: [ ]해당 [ ]비해당

[서비스 신청]

서비스 종류		신청 구분	비고
[ ]장애인등록 신청		[ ]신규 [ ]조정 [ ]재판정	• 재발급 사유 [ ]기간만료 [ ]훼손 [ ]분실 [ ]기재사항 변경 [ ]신용카드등과 통합된 등록증교부신청 [ ]카드전환(-) [ ]기타 • 반납사유 [ ]사망 [ ]양도·증여 [ ]폐차 [ ]등록말소 [ ]기타
[ ]장애인등록증 발급 신청		[ ]신규 [ ]재발급	
[ ]장애인통합복지카드 발급 신청	고속도로 통행료 할인 기능 [ ] 포함 [ ] 미포함 [ ] 신용 기능 [ ] 직불 기능	[ ]신규 [ ]재발급 [ ]정보변경 [ ]반납	
[ ](구)고속도로 통행료 할인 카드		[ ]정보변경 [ ]반납	
[ ]시각장애인용 점자 스티커		[ ]신규 [ ]재발급	
[ ]장애인사용자동차등표지 발급 신청		[ ]신규 [ ]재발급	
[ ]장애인보조기구 교부(대여·수리) 신청		[ ]교부 [ ]대여 [ ]수리	
[ ]장애인활동지원			※ 사회보장급여(사회서비스이용권) 신청(변경)서를 추가로 작성해야 합니다.
[ ]거주시설 입소		[ ]중증장애인 거주시설 [ ]장애유형별 거주시설	
[ ]저소득 장애인 진단서 발급비 및 검사비		[ ] 진단서 발급비 [ ] 검사비	

[감면서비스 (대행)신청]

[ ]휴대전화요금 [ ]전기요금 [ ]도시가스요금 [ ]지역난방비
[ ]초고속인터넷서비스이용료 [ ]TV 수신료 [ ]자동차관련 지방세(자동차세, 면허세, 등록세, 취득세)

[타기관 서비스 의뢰]

[ ]고용 서비스	[ ]실업급여 [ ]취업성공패키지 [ ]직업훈련 [ ]직업진로상담 [ ]취업지원 및 상담 [ ]직업생활 지원(근로지원인, 보조공학기기 지원 등)
[ ]의료 서비스	지역사회중심재활 사업

210㎜×297㎜[백상지(80g/㎡) 또는 중질지(80g/㎡)]

상기 내용을 기본 바탕에 깔고 **'제1장 금융상품과 장애인'**에서는 장애인 복지카드 유형과 각종 혜택, 비과세종합저축(계좌), 등록장애인 대상 우대금리 적금, 압류방지통장, 서울시의 장애인 이룸통장, 경기도의 장애인 누림통장과 기회소득, 인천시의 장애인 행복씨앗통장, 충청남도의 장애인 반짝자립통장, 강원도의 자산형성 지원사업, 정부의 자산형성 지원사업 요약, 아동발달지원계좌(디딤씨앗통장), 장애인신탁, 보험금수익자가 장애인인 보험, 우체국의 암보험 무료가입 지원사업, 두드림 U+요술통장, 장애인 전용 보장성보험 및 전환 시 혜택, 자동차보험의 서민나눔특약, 장애인 자립자금 대출제도, 버팀목전세자금대출, 내집마련 디딤돌대출, 장애인 고용시설 설치비용 융자제도, 절세금융상품 중에서 ISA · 청년우대형 포함 주택청약종합저축 · 조합출자금 및 조합예탁금 · 저축성보험 · 청년희망적금 · 청년도약계좌 · 청년형소득공제 장기펀드, 서민금융진흥원의 금융취약계층 자산형성상품 및 대출상품, 기타(장애인연금과 장애(아동)수당)의 내용들로 구성하였습니다.

'제2장 세금 속 장애인'에서는 **소득세법상** 장애인일 때 기초공제 · 추가공제 · 보장성보험료 세액공제 · 의료비 세액공제 · 교육비 세액공제와 **상속세 및 증여세법상** 장애인일 때 기초공제 · 기타인적공제 · 일괄공제 · 장애인신탁의 증여세 과세가액 불산입 · 보험금수익자가 장애인일 때 증여세 비과세의 내용을 담았습니다. 또한 **개별소비세 및 지방세법상** 장애인이 차량 구입 시 세제 혜택, **조세특례제한법상** 장애인일 때 중소기업 취업 시 소득세 감면 · 근로장려금 · 장애인용품 부가가치세 면제제도 등을 안내하고 있습니다.

'에필로그: 장애인과 주택'에서는 LH공사 및 SH공사의 기관추천 장애인 특별공급과 장기전세주택 · 국민임대주택 · 영구임대주택 등 각종 임대주택사업의 성격과 신청 프로세스, 입주자 선정 과정 등을 기술하였고, **'부록'에는 장애인신탁을 활용한 증여세 절세 사례 등**을 담았습니다.

나의 문화유산 답사기를 쓴 유홍준 교수는 **'아는 만큼 보인다'**라고 말씀하셨습니다. 이 책은 제가 지금까지 장애인 금융과 세금에 대해 알고 본 것의 전부입니다. 이 책을 통해 많은 독자분들 눈에 장애인 금융과 세금이 새삼 보이기를 희망합니다. 마지막으로 장애인 금융과 관련된 더 많은 정보와 더 많은 경험이 있는 분들의 고견을 언제든지 구하며, 이 책이 나올 수 있게 도와주신 모든 분들께 감사의 말씀을 전합니다.

2023년 8월

회현동에서

CONTENTS

CHAPTER 1
금융상품과 장애인

CONTENTS

CONTENTS

CONTENTS

CHAPTER 2
세금 속 장애인

CHAPTER

1

금융상품과 장애인

장애인 복지카드(장애인등록증)의 혜택

CHECK POINT

등록장애인으로서 장애인 복지카드를 발급(재발급) 신청할 때는 되도록이면 금융카드형으로 발급하여 '복지카드 공통의 혜택'과 '금융카드 별도의 혜택'을 동시에 누리세요.

장애인 복지카드 발급 절차와 종류

등록장애인이 되면 장애인 복지카드(장애인등록증과 동일함)가 나오는데 자동으로 나오는 것이 아니라, 복지로 홈페이지를 통해 온라인으로 신청하거나 거주지에 관계없이 가까운 읍 · 면 · 동 주민센터에 직접 방문하여 오프라인으로 신청해야 합니다. 과거에는 신분증형 장애인 복지카드가 주를 이루었고 2019년 7월 이전에 등록한 장애인의 경우에는 장애등급(舊 1~6급)이 표시되어 있었으나, 최근에는 종류가 좀 더 다양해지고 장애등급이 표시되지 않으며 장애 유형과 정도(중증, 경증)만 표시됩니다.

현재 장애인 복지카드는 일반 신분증형, 통합 신분증형, 일반 금융카드형(직불 · 신용), 통합 금융카드형(직불 · 신용) 총 6가지 종류가 있고 공통적으로 등록장애인의 이름, 사진, 주소, 주민등록번호, 장애 유형,

장애 정도(중증 · 경증)가 기재되어 있어 신분증(실명확인증표)으로 사용할 수 있습니다. 다만, 현재는 등록장애인의 희망에 따라 총 6가지 중에서 1가지만 발급받을 수 있습니다.

➲ 장애인 복지카드 신청서(양식)

■ 장애인복지법 시행규칙 [별지 제1호의4서식] <개정 2022. 9. 6.>

장애인 등록 및 서비스 신청서

※ 색상이 어두운 난은 신청인이 작성하지 않고, [ ]에는 해당되는 곳에 √표를 합니다. (4쪽 중 제1쪽)

접수번호	접수일자	처리기간 별도안내

장애인 (본인)	성명	여권상 영문성명	
	주민등록번호(외국인등록번호 또는 국내거소신고번호)		성별 [ ]남 [ ]여
	사회보장 [ ]수급자 [ ]차상위계층 [ ]기타		휴대전화
	(현)주소		전화번호
통지방법	□ 서면 □ 전자우편( ) □ 문자메시지서비스(SMS) □ 기타( )		
법정대리인 또는 보호자	성명	장애인(본인)과의 관계	주민등록번호(외국인등록번호 또는 국내거소신고번호)
	주소		전화번호
복지욕구	[ ]직접적 소득(장애인연금 등) [ ]간접적 소득(감면 등) [ ]건강 및 의료 [ ]고용 [ ]주거 [ ]일상생활 [ ]보육 및 교육 [ ]문화 및 여가 [ ]안전 및 권익		

국가유공자, 보훈보상·지원대상자로서 상이등급(1~7급)을 받은 자: [ ]해당 [ ]비해당

[서비스 신청]

서비스 종류		신청 구분	비고
[ ]장애인등록 신청		[ ]신규 [ ]조정 [ ]재판정	• 재발급 사유 [ ]기간만료 [ ]훼손 [ ]분실 [ ]기재사항 변경 [ ]신용카드등과 통합된 등록증교부신청 [ ]카드전환(-) [ ]기타 • 반납사유 [ ]사망 [ ]양도·증여 [ ]폐차 [ ]등록말소 [ ]기타
[ ]장애인등록증 발급 신청		[ ]신규 [ ]재발급	
[ ]장애인통합복지카드 발급 신청	고속도로 통행료 할인 기능 [ ] 포함 [ ] 미포함	[ ]신규 [ ]재발급 [ ]정보변경 [ ]반납	
	[ ]신용 기능 [ ]직불 기능		
[ ](구)고속도로 통행료 할인 카드		[ ]정보변경 [ ]반납	
[ ]시각장애인용 점자 스티커		[ ]신규 [ ]재발급	
[ ]장애인사용자동차등표지 발급 신청		[ ]신규 [ ]재발급	

(중간 서식 생략)

[신용카드·직불카드와 통합된 장애인등록증을 발급받으려는 경우]

구분			
카드구분	[ ]신용카드 [ ]직불카드		
신청인	[ ]본인 [ ]법정대리인 또는 보호자(본인과의 관계:)		
직 장 ※직장이 있는 경우만 기재	직 장 명	부서명	
	직장주소		직장 전화번호
대금결제	대금청구지 [ ]자택 [ ]직장 [ ]전자우편( )		
	대금결제일 매월 일(1일~27일 중에서 선택)		
자동이체 신청	계좌번호	금융기관	예금주
	직불카드 신청시 신한은행 또는 우체국 기재		

➲ 장애인 복지카드 종류

카드 종류		카드 모양	
		앞면	뒷면
신분증형 (금융기능 없음)	일반 신분증형		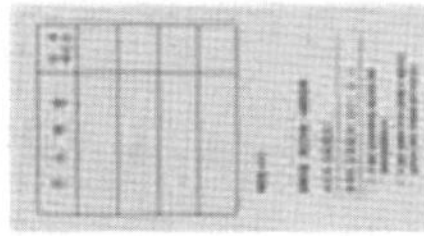
	통합 신분증형 (하이패스 기능) *(구)통합복지카드 A형		
금융카드형 (금융기능 있음)	일반 금융카드형		
	통합 금융카드형 (하이패스 기능) *(구)통합복지카드 B형		

* 참고자료: 보건복지부, 「제I권 2023년 장애인복지 사업안내 1(장애인등록 등)」, 114면

* 2019년 7월 1일부터는 장애등급 대신 장애 정도(중증, 경증)를 표기한 새로운 장애인 복지카드 발급 中(분실, 훼손 등의 사유로 재발급을 신청하는 경우가 아니라면 2019년 7월 1일 이전 등록장애인의 경우 현행 장애인 복지카드를 재발급 받지 않아도 됨)

장애인 복지카드 공통 혜택

어떤 장애인 복지카드이든 관계없이 복지카드를 현장에서 제시하거나 예약할 때 정보를 입력하면 ① 고속도로 통행료 할인, ② 지하철 및 철도(도시철도, KTX 포함) 등 교통비 감면, ③ 고궁 · 국공립 박물관 · 미술관 · 공원 · 공연장 · 공공 체육시설 등 공공시설 요금 감면, ④ 공영 주차장 주차요금 감면, ⑤ 대한항공 등 항공요금 할인(국내 항공회사별 자체 기준 확인 필요), ⑥ 연안여객선 여객 운임 할인 등의 혜택을 받을 수 있습니다.

금융카드형 장애인 복지카드 별도의 혜택

장애인 복지카드 중에 금융카드형은 금융카드 별도의 혜택이 있습니다. 등록장애인의 성별 및 카드 종류(직불카드 · 신용카드)에 따라 일부 상이하고, 카드 제휴사의 사정 등에 따라 변경될 수도 있습니다만, 2023년 8월 현재 카드 연회비 면제는 기본이고 ① LPG충전소 할인, ② 제휴된 정유사에서 주유 시 현금 포인트 적립, ③ 제휴된 외식전문 음식점 할인, ④ 놀이공원 등 테마파크 할인, ⑤ 온라인 영화 및 지방극장 영화 할인 등이 있습니다.

서울시의 최근 소식

등록장애인의 교통비 부담 경감을 위해서 **서울시**는 **'장애인 버스요금 지원사업**(**월 최대** 5만 **원, 중증장애인은 동반 보호자를 포함하여 월 최대** 10만 **원**)**'을 2023년 8월부터 시행**하고 있습니다. 장애인 또는 대리인이 신분증, 사용 예정 교통카드 등 필요서류를 지참하고 가까운 서울시 주민센터를 방문하여 신청하면 됩니다. 다만, 기존에 금융카드형 복지카드를 발급받은 장애인이라면 사용 예정 교통카드를 새롭게 발급할 필요는 없습니다.

비과세종합저축(계좌)

CHECK POINT

등록장애인이 금융상품을 신규로 거래할 때는 반드시 비과세종합저축(계좌)을 떠올리시기 바랍니다. 본인의 잔여 한도를 필수적으로 확인하고 연계 가능한 상품에서 발행하는 금융소득에 대해 비과세 혜택을 받으세요.

개 요

비과세종합저축(계좌)이란 조세특례제한법(제88조의2)에 의거하여 2014년까지 운영한 세금우대종합저축, 생계형저축 등을 통합하여 2015년 1월 1일부터 시행한 제도로서 특정한 상품이 아니고 여러 금융상품과 연계할 수 있는 큰 틀(계좌)이라고 생각하시면 됩니다. 단, 고령자(만 65세 이상), **장애인복지법 기준 등록장애인**, 독립유공자 및 그의 유족 등만이 가입할 수 있고, 1인당 저축 원금 한도는 5천만 원이며, 해당 저축(계좌)에서 발생하는 이자소득과 배당소득을 비과세합니다.

가입 자격

대부분의 금융기관에서 가입이 가능합니다. 그러나 비과세종합저축(계좌)을 누구나 가입할 수는 없습니다. 비과세종합저축(계좌) 가입이 가능한 분들은 ① 만 65세 이상의 국내 거주자, ② **장애인복지법 기준 등록장애인**, ③ 독립유공자 예우에 관한 법률에 따른 독립유공자와 그 유가족, ④ 독립유공자 등 예우 및 지원에 관한 법률에 따른 등록된 상이자, ⑤ 국민기초생활수급자, ⑥ 고엽제후유의증환자, ⑦ 5 · 18 민주화 운동 부상자입니다.

가입 한도와 유의 사항

비과세종합저축(계좌)의 가입(원금) 한도는 모든 금융기관 합산 1인당 최대 5,000만 원입니다. 그런데 종전의 세금우대종합저축, 생계형 저축을 유지하고 있다면 최대 5,000만 원에서 세금우대종합저축 등에 저축한 금액을 차감하여 한도가 결정됩니다. 비과세종합저축(계좌)은 현행 조세특례제한법상 2025년 12월 31일까지 신규 가입이 가능합니다.

연계할 수 있는 금융상품과 절세 혜택

비과세종합저축(계좌)으로 저축 및 투자가 가능하거나 연계할 수 있는 금융상품에는 예 · 적금(외화예금 포함), 펀드, 주식, 채권, 보험, 특정금전신탁(국세청 질의회신: 소득, 서면-2016-원천-5969[원천세과-765], 2017. 7. 27.) 등이 있습니다. 만약 같은 금액의 이자소득, 배당소득이 발생한다고 가정할 때 비과세종합저축(계좌)은 일반저축 대비 소득의 15.4%(지방소득세 포함) 정도의 세금을 아낄 수 있습니다.

➲ 일반 저축 vs 비과세종합저축(계좌): 세후 소득 비교

◉ **67세 투자자 C씨는 연 배당수익률이 5%인 주식에 5,000만 원 투자**(과세율 15.4%)

1) 일반 저축계좌로 저축(투자) 시 세후배당소득:
   <u>211.5만 원</u>(250만 원-250만 원×15.4%)

2) 비과세종합저축계좌로 저축(투자) 시 세후배당소득:
   <u>250만 원</u>(250만 원-250만 원×0%)
   *다른 금융소득은 없다고 가정

⇒ 비과세종합저축계좌로 저축(투자)할 경우 세후배당소득 38.5만 원(=250만 원-211,5만 원) 증가 · 절세

* 자료: 금융감독원, "[금융꿀팁 200선]〈137〉", 2022년 12월 8일 보도자료 참조

등록장애인 우대금리 적금 상품

CHECK POINT

등록장애인에게 근로소득 등이 발생하여 향후 차량구입자금, 결혼준비자금, 주택자금 등을 준비하고 싶을 때, 부모가 등록장애인 자녀의 자산형성을 위해 증여재산공제금액(10년 이내 성년 5천만 원, 미성년 2천만 원) 이내에서 매월 정기적으로 적립해주고 싶을 때 활용하세요.

개 요

각 은행 및 저축은행, 우체국의 수신상품 중에는 장애인에게 우대금리를 적용하는 적금 상품들이 있습니다. 기본적으로 등록장애인이라면 누구나 가입 가능한 상품도 있고, 최근 경찰청에서 시행하고 있는 지문방지제도에 등록한 장애인들에게 우대금리를 해주는 상품들도 생겼습니다. 따라서 여러 적금 상품들을 꼼꼼히 비교해 보고 본인에게 가장 유리하고 합리적인 선택을 하시기 바랍니다.

등록장애인 등을 위한 예·적금 상품(2023년 7월 말 기준)

① 우체국 새출발자유적금(희망)

우체국 새출발자유적금(희망)은 우체국 홈페이지 소개 내용에 따르면,

사회 소외계층의 경제활동 지원 및 국민행복 실현을 적극 지원하는 적립식 상품입니다. 1인 1계좌가 원칙이지만, 최대 1인 2계좌까지 가능하고 매월 1만 원에서 30만 원까지입니다. 최소 6개월 이상부터 최대 36개월 이하의 기간 동안 적립할 수 있는 자유저축 형태의 적금입니다. 2023년 7월 말 기준 기본 금리는 연 2.7%(세전 기준)이며, **장애인 연금, 장애(아동)수당 수급자**에게 특별 우대금리 연 2.2%(세전 기준)를 적용하는 등 최고 금리는 연 4.9%(세전 기준)입니다(중도해지 시 제외). '우체국 예금 보험에 관한 법률 제4조'에 의거, 국가가 전액 지급을 보장합니다. 일반 과세상품이지만 비과세종합저축(계좌)과 연계가 가능하여 저축 한도 내에 있는 사람은 이자소득 비과세 혜택을 받을 수도 있습니다.

➲ 우체국 새출발자유적금(희망) 요약

가입 대상	계좌 한도	저축 한도	가입 기간 (저축 형태)	기본 금리	최고 금리*
실명 개인 (나이 제한 없음)	1인 1계좌 원칙 (최대 1인 2계좌 가능)	월 1만 원 이상~ 30만 원 이하	6개월~ 36개월 (자유적립식)	연 2.7% (세전 기준)	연 4.9% (세전 기준)

* 최고 금리=기본 금리+우대금리 연 2.2%(세전 기준, **장애인 연금 수급자** 등 우대)
* 상기 표 자료: 우체국예금 홈페이지 참조(2023년 7월 말 조회)

② 우리은행, 우리아이행복적금2

우리은행 우리아이행복적금2는 경찰청 지문사전등록*을 한 고객 등에게 우대금리를 제공하는 자유적금으로, 가입기간은 1년이며 월 50만 원 이하의 금액을 자유롭게 적립할 수 있고 1인 1계좌가 원칙입니다. 이 상품의 기본 금리는 2023년 7월 말 기준으로 연 3.2%(세전 기준)입니다. 여기에 경찰청에 지문사전등록을 한 사람에게 연 1.0%(세전 기준), 우리은행 입출금 통장에서 해당 적금으로 자동이체 하는 경우 연 0.2%(세전 기준) 금리를 추가 우대하여 최고 금리는 연 4.4%(세전 기준)입니다(중도해지 시 제외).

'지문사전등록'이란 2012년 7월 1일부터 시행한 제도로 보호자의 신청을 받아 아동 등의 신상정보를 사전에 '경찰청 시스템'에 등록하고, 보호자 이탈 시 등록정보를 활용하여 신속하게 신원을 확인하고 발견하는 제도입니다. 지문사전등록이 가능한 사람은 ① 만 18세 미만인 아동, ② **장애인복지법 기준 등록장애인으로서 지적 · 자폐성 · 정신장애인**, ③ 치매환자에 한합니다.

이 적금 상품은 일반과세 상품이지만 비과세종합저축(계좌)과 연계가 가능하고, 한도 내에 있는 사람은 이자소득 비과세 혜택을 받을 수도 있습니다. 이 예금은 예금자보호법에 따라 예금보험공사가 해당 금융기관에 있는 예금보험대상 상품에 한하여 1인당 최고 5천만 원까지 보호합니다. 5천만 원을 초과하는 나머지 금액은 보호하지 않습니다.

➲ 우리은행, 우리아이행복적금2 요약

가입 대상	계좌 한도	저축 한도	가입 기간 (저축 형태)	기본 금리	최고 금리*
실명 개인 (나이 제한 없음)	1인 1계좌 원칙	월 50만 원 이하	12개월 (자유적립식)	연 3.2% (세전 기준)	연 4.4% (세전 기준)

* 최고 금리 = 기본 금리 + 우대금리 연 1.2%(세전 기준, 지문사전등록한 등록장애인 등 1.0%, 자동이체 0.2%)

* 상기 표 자료: 우리은행 홈페이지 참조(2023년 7월 말 조회)

③ 신한은행, 새희망적금

신한은행 홈페이지 소개 자료에 따르면 신한 새희망적금은 장애인 등 저소득층의 목돈 마련을 돕고 서민의 자립 및 재산형성을 지원하는 적립식 상품입니다. 해당 적금에 가입할 수 있는 사람은 근로장려금 수급자, 국민기초생활수급자, 북한이탈주민, 결혼 이민자, **장애인복지법 기준 등록장애인으로서 장애인연금 · 장애수당 · 장애아동수당을 받고 있는 사람**, 한부모가족지원보호대상자, 소년소녀가장, 서민금융대출 완제고객, 차상위계층 이하 만 65세 이상 고령자입니다.

해당 적금의 가입기간은 36개월로서 매월 불입할 수 있는 금액은 1천 원부터 20만 원까지입니다. 만기일시지급 단리형태로서 2023년 7월 말 기준으로 기본 금리는 연 4.0%(세전 기준)이고, 유동성 계좌에서 해당 적금으로 자동이체 시 추가적으로 연 1.5%(세전 기준)를 우대하여 최고 금리는 연 5.5%(세전 기준)입니다(중도해지 시 제외). 일반과세 상품이지만 비과세종합저축(계좌)과 연계가 가능하고 한도 내에 있는 사람은 이자 소득 비과세 혜택을 받을 수도 있습니다. 이 예금은 예금자보호법에 따라 예금보험공사가 해당 금융기관에 있는 예금보험대상 상품에 한하여 1인당 최고 5천만 원까지 보호합니다. 5천만 원을 초과하는 나머지 금액은 보호하지 않습니다.

➲ 신한은행, 새희망적금 요약

가입 대상	계좌 한도	저축 한도	가입 기간 (저축 형태)	기본 금리	최고 금리*
장애인연금 · 장애수당을 받고 있는 사람 등	1인 1계좌	월 1천 원~ 20만 원 이하	36개월 (적립식, 자유적립식)	연 4.0% (세전 기준)	연 5.5% (세전 기준)

* 최고 금리 = 기본 금리 + 우대금리 연 1.5%(세전 기준, 유동성계좌에서 본 적금으로 자동 이체 시)

* 상기 표 자료: 신한은행 홈페이지 참조(2023년 7월 말 조회)

④ IBK기업은행, IBK사랑나눔적금

IBK사랑나눔적금은 **장애인복지법 기준 등록장애인**, 국민기초생활수급자, 소년소녀가장, 북한이탈주민, 결혼이민자, 한부모가족지원보호대상자, 차상위계층 이하 만 65세 이상인 사람들이 가입 가능한 적금입니다. 단, 개인사업자는 가입할 수 없습니다.

가입기간은 1년이고, 매월 1천 원 이상 50만 원 이하로 적립할 수 있으며 1인 1계좌가 원칙입니다. 이 적금의 2023년 7월 말 기본 금리 및 최대 금리는 연 5.3%(세전 기준)입니다(중도해지 시 제외). 이 적금은 일반과세 상품이지만 비과세종합저축(계좌)과 연계가 가능하고, 한도 내에 있는 사람은 이자소득 비과세 혜택을 받을 수도 있습니다. 이 예금은 예금자보호법에 따라 예금보험공사가 해당 금융기관에 있는 예금보험대상 상품에 한하여 1인당 최고 5천만 원까지 보호합니다. 5천만 원을 초과하는 나머지 금액은 보호하지 않습니다.

➲ IBK기업은행, 사랑나눔적금 요약

가입 대상	계좌 한도	저축 한도	가입 기간 (저축 형태)	기본 금리	최고 금리*
등록장애인 등 (개인사업자 제외)	1인 1계좌	월 1천 원~ 50만 원 이하	1년 (자유적립식)	연 5.3% (세전 기준)	연 5.3% (세전 기준)

* 최고 금리 = 기본 금리가 곧 고시이율이자 최대 금리

* 상기 표 자료: IBK기업은행 홈페이지 참조(2023년 7월 말 조회)

⑤ NH농협은행, NH희망채움적금II

NH희망채움적금Ⅱ는 사회소외계층의 경제적 자산형성을 지원하는 적립식 상품으로 이 적금에 가입이 가능한 사람은 국민기초생활수급자, 차상위계층, 한부모가족지원대상자, 북한이탈주민, **장애인복지법 기준 등록장애인 중에서 장애인연금 · 장애수당 · 장애아동수당을 받고 있는 사람**, 근로장려금수급자, 결혼이민자, 기초연금수급자이며 원칙적으로 1인 1계좌에 한합니다(기존에 NH희망채움통장에 가입한 사람은 가입할 수 없음).

가입기간은 12개월부터 최대 36개월이고, 매월 1천 원에서 30만 원 이하로 적립할 수 있습니다. 2023년 7월 말 기준 기본 금리는 36개월 만기를 채웠을 경우에는 연 4.4%(세전 기준)이고, 우대금리 요건(기간별 우대)을 만족하였을 때는 36개월 만기 시 최대 연 6.4%(세전 기준)까지 가능합니다(중도해지 시 제외). 이 적금은 일반과세 상품이지만 비과세 종합저축(계좌)과 연계가 가능하고 한도 내에 있는 사람은 이자소득 비과세 혜택을 받을 수도 있습니다. 이 예금은 예금자보호법에 따라 예금보험공사가 해당 금융기관에 있는 예금보험대상 상품에 한하여

1인당 최고 5천만 원까지 보호합니다. 5천만 원을 초과하는 나머지 금액은 보호하지 않습니다.

➲ NH농협은행, NH희망채움적금II 요약

가입 대상	계좌 한도	저축 한도	가입 기간 (저축 형태)	기본 금리	최고 금리*
장애인연금, 장애수당을 받고 있는 사람 등	1인 1계좌	월 1천 원~ 30만 원 이하	12개월~ 36개월 (적립식, 자유적립식)	연 4.4% (세전 기준)	연 6.4% (세전 기준)

* 최고 금리 = 기본 금리 + 우대금리(세전 기준, 만기 3년 미만 1.0%, 3년 만기 2.0%)
* 상기 표 자료: NH농협은행 홈페이지 참조(2023년 7월 말 조회)

⑥ DGB대구은행, DGB희망더하기적금

DGB희망더하기적금은 사회소외계층들에게 우대이자를 지급하는 정기적금으로서 가입대상자는 국민기초생활수급자, **장애인복지법 기준 등록장애인 중에서 중증장애인(舊 1~3급)**, 소년소녀가장, 결혼이민 여성, 근로장려금수급자, 한부모가족지원보호대상자, 차상위계층(단, 만 65세 이상 고령자에 한함)입니다.

가입기간은 1년입니다. 이 상품은 매월 1만 원에서 30만 원 이하로 적립이 가능합니다. 2023년 7월 말 기준 12개월 만기 시 기본 금리는 연 3.45%(세전 기준)입니다. 대구은행 자유입출금통장에서 9회차 이상 자동이체로 입금 시에 우대금리 연 2.0%(세전 기준)를 더하여 최대 연 5.45%(세전 기준)까지 가능합니다(중도해지 시 제외). 이 적금은 일반과세 상품이지만 비과세종합저축(계좌)과 연계가 가능하고 한도 내에 있는 사람은 이자소득 비과세 혜택을 받을 수도 있습니다. 이 예금은 예금자 보호법에 따라 예금보험공사가 해당 금융기관에 있는 예금보험대상 상품에 한하여 1인당 최고 5천만 원까지 보호합니다. 5천만 원을 초과하는 나머지 금액은 보호하지 않습니다.

➲ DGB대구은행, DGB희망더하기적금 요약

가입 대상	계좌 한도	저축 한도	가입 기간 (저축 형태)	기본 금리	최고 금리*
등록장애인 중 중증장애인(舊 1~3급) 등	1인 1계좌	월 1만 원 ~ 30만 원 이하	1년 (정기적립식)	연 3.45% (세전 기준)	연 5.45% (세전 기준)

* 최고 금리 = 기본 금리 + 우대금리 연 2.0%(은행 자유입출금통장에서 9회차 이상 해당 적금으로 자동이체 시)
* 상기 표 자료: DGB대구은행 홈페이지 참조(2023년 7월 말 조회)

⑦ BNK경남은행, 희망모아적금

희망모아적금은 국민기초생활수급자, 소년소녀가장, 근로장려금 수급자, 한부모가족지원보호대상자, 다문화가정부부, 청년내일채움공제 가입 중인 사람, **장애인복지법 기준 등록장애인(장애인 복지카드, 장애인증명서 필요)**의 목돈 마련을 위한 상품입니다.

해당 적금의 가입기간은 12개월(1년)이고, 매월 1만 원에서 30만 원 이하로 적립이 가능하며 1인 1계좌에 한합니다. 2023년 7월 말 기준 기본 금리는 연 2.7%(세전 기준)입니다. 여기에 우대금리는 정기적립식으로서 모든 회차를 납입하고 만기해지하는 경우 연 3.0%(세전 기준), 자유적립식으로서 만기해지하는 경우 연 2.0%(세전 기준)로 최대 금리는 연 5.7%(세전 기준)까지 가능합니다(중도해지 시 제외). 이 적금은 일반과세 상품이지만 비과세종합저축(계좌)과 연계가 가능하고 한도 내에 있는 사람은 이자소득 비과세 혜택을 받을 수도 있습니다. 이 예금은 예금자 보호법에 따라 예금보험공사가 해당 금융기관에 있는 예금보험대상 상품에 한하여 1인당 최고 5천만 원까지 보호합니다. 5천만 원을 초과하는 나머지 금액은 보호하지 않습니다.

➲ BNK경남은행, 희망모아적금 요약

가입 대상	계좌 한도	저축 한도	가입 기간 (저축 형태)	기본 금리	최고 금리*
등록장애인 중 중증장애인(舊 1~3급) 등	1인 1계좌	월 1만 원~ 30만 원 이하	1년 (정기적립식, 자유적립식)	연 2.7% (세전 기준)	연 5.7% (세전 기준)

* 최고 금리=기본 금리+우대금리(세전 기준, 정기적립식 모든 회차 납입 시 연 3.0%, 자유적립식 만기해지 시 연 2.0%)

* 상기 표 자료: BNK경남은행 홈페이지 참조(2023년 7월 말 조회)

⑧ 저축은행의 장애인 우대금리 상품

우리나라에는 수많은 저축은행이 있고 예 · 적금 상품이 있지만 '금융감독원 금융상품한눈에(2023년 7월 말 기준)'를 검색해보면 장애인에게 우대금리를 주는 적금 상품은 KB저축은행, 세람저축은행, 웰컴저축은행, The-K 저축은행 정도가 있습니다. 상품명, 가입대상, 적립방식, 기본금리(세전), 최고 우대금리(세전), 특징 등은 다음 표를 참고하시기 바랍니다.

➲ 저축은행별 장애인 우대금리 적금 상품 내역

구분	KB저축은행	세람저축은행
적금 상품명	KB착한누리적금	착한운전 정기적금
가입대상	**장애인연금 · 장애수당 · 장애아동 수당을 받고 있는 사람,** 국민기초생활수급자 등	개인 (**장애인차량 운전자** 등에게 우대금리 적용)
가입기간	12개월	12개월
가입금액	월 1만 원~30만 원 이하	월 1만 원~100만 원 이하
이자지급시기	만기일시지급식	만기일시지급식
기본 금리 (세전)	연 4.5%	연 4.0%
최고 우대금리	연 5.0%(세전) • 인터넷 및 모바일뱅킹으로 가입 시	연 5.0%(세전) • 착한운전 마일리지 서약 확인서 제출 • **장애인차량 운전자** 등
기타	• 비과세종합저축(계좌)과 연계 가능 • 예금자보호법 대상	• 비과세종합저축(계좌)과 연계 가능 • 예금자보호법 대상

* 기준: 금융감독원 '금융상품한눈에' 및 각 저축은행 홈페이지 2023년 7월 말 조회 기준

구분	웰컴저축은행	The-K 저축은행
적금 상품명	WELCOME 디딤돌적금	The 희망나눔적금(창구) e-The 희망나눔적금(온라인)
가입대상	**장애인연금 · 장애수당 · 장애아동수당을 받고 있는 사람,** 국민기초생활수급자 등	**차상위 계층 등** (차상위 계층으로 장애인연금 · 장애수당 · 장애아동수당 대상자 등)
가입기간	12개월	12개월, 24개월
가입금액	월 1만 원~30만 원 이하	월 20만 원 이내
이자지급시기	만기일시지급식	만기일시지급식
기본 금리 (세전)	연 3.1%	The 희망나눔적금(창구) • 12개월: 연 6.6% • 24개월: 연 6.7%
최고 우대금리	연 4.8%(세전) • 만기해지 시 우대금리 (연 1.7%) 적용	e-The 희망나눔적금(온라인) • 12개월: 연 7.1% • 24개월: 연 7.2%
기타	• 비과세종합저축(계좌)과 연계 가능 • 예금자보호법 대상	• 비과세종합저축(계좌)과 연계 가능 • 예금자보호법 대상

* 기준: 금융감독원 '금융상품한눈에' 및 각 저축은행 홈페이지 2023년 7월 말 조회 기준

** 주의사항: 해당 예 · 적금 상품을 광고하기 위한 목적이 아니며, 적금 금리는 언제든지 변동될 수 있으니 유념하시기 바랍니다.

압류방지통장(행복지킴이통장)

CHECK POINT

등록장애인이 채권 · 채무관계에 놓여질 가능성이 있거나, 주택 등을 구입하는 데 많은 대출을 받았거나, 사업을 하고 있는 상황이라면 반드시 압류방지통장(행복지킴이통장)에 장애인연금 · 장애수당을 입금하여 보호받으세요.

개 요

세상을 살다 보면 항상 좋은 일만 있을 수 없다고 생각합니다. 여러 사정상 빚(채무)을 질 수도 있고 제때 빚을 갚지 못하는 경우(연체, 채무불이행, 체납 등)도 생깁니다. 단적인 예로 신용카드 대금 연체 및 미납, 신용대출 등 대출 이자 및 원금상환 불이행입니다. 빚을 제때 갚지 못하면 개인의 신용등급 하락은 물론 심지어 채권자가 채무자의 재산에 대해 질권 설정, 압류 등 권리행사를 할 수도 있습니다. 그렇게 되면 금융거래 등이 불가능해지고 일상생활이 힘들어질 수 있습니다.

장애인들도 채무를 지거나 체납의 위험에 노출될 수 있습니다. 채권자들의 권리행사로 인해 자칫 정부 등으로부터 지원받는 장애인연금, 장애수당 등을 온전히 쓸 수 없게 될 수도 있습니다. 따라서 **장애인을 비롯한 사회적 약자의 기본적인 생계비만큼은 채권자들의 권리행사**

(압류)**로부터 보호하자는 차원에서 정부, 금융결제원, 은행, 새마을금고, 우체국 등이 협업하여 '압류방지통장**(행복지킴이통장)**'을 만들어 현재 판매 중**에 있습니다.

압류방지통장(행복지킴이통장)은 정부 등에서 지원하는 각종 **'복지급여**(기초생활보장급여, 기초연금, 기초노령연금, **장애인연금, 장애수당, 장애아동수당**, 한부모가족지원급여, 요양비 등 보험급여, 긴급복지지원금, 어선원 보험급여, 노인장기요양보험에 따른 특별현금급여, 아동수당, 노란우산공제금, 자립수당, 재난적의료비 지원금) **등 압류금지 채권'**을 입금할 수 있으며, **'복지급여 등 압류금지 채권에 해당하는 금액'에 한해서만 채권자들의 압류로부터 보호**받을 수 있는 통장입니다. 참고로 이 통장은 대출계좌로 사용이 불가능하고, 타인에게 양도할 수 없으며, 질권 설정 및 담보 제공이 제한됩니다.

가입대상자

필자는 사실 수급자라는 용어를 매우 싫어합니다. 그럼에도 불구하고 안내의 정확성과 임의적 용어 사용으로 인한 혼란을 방지하고자 수급자라는 용어를 쓸 수밖에 없다는 점을 양해해주시기 바랍니다. 압류방지통장의 가입대상으로는 우리나라 국민으로 개인이면서 관련 법령에 따른 ① 국민기초생활수급자, ② 기초연금수급자, ③ 기초노령연금수급자, ④ **장애인연금수급자**, ⑤ **장애수당 또는 장애아동수당수급자**, ⑥ 한부모가족지원급여수급자, ⑦ 요양비 등 수급자, ⑧ 긴급복지지원

긴급지원 대상자, ⑨ 어선원 보험급여 지급대상자, ⑩ 특별현금급여 수급자, ⑪ 아동수당수급자, ⑫ 노란우산공제수급자, ⑬ 자립수당 수급자, 재난적 의료비 지원에 관한 법률에 따른 지원금액수급자, ⑭ 아동수당법에 따른 영아수당수급자입니다.

특징 및 유의 사항

압류방지통장(행복지킴이통장)은 자유입출금통장으로 가입기간에 제한이 없으며, 예금자보호법에 따라 예금자보호가 되는 상품이나, 해당 상품을 취급하는 금융기관을 통틀어 1인당 1계좌만 개설이 가능합니다. 취급하는 금융기관에 따라 혜택은 상이할 수 있고 금리가 높은 편은 아니지만 소정의 금리 우대 혜택, 계좌이체 · 인출 수수료 면제 혜택 등이 있는 것이 일반적입니다. 해당 통장에서 발생하는 이자소득은 일반과세에 해당하는 금융소득이지만, 비과세종합저축(계좌)과도 연계가 가능하므로 해당 통장에서 발생하는 이자소득이 비과세될 수도 있습니다.

비교 및 참고: 압류방지통장 중에서 '취업이룸통장'

「구직자 취업촉진 및 생활안정지원에 관한 법률(제22~23조)」에 근거한 국민취업지원제도의 일환으로써 **'구직촉진수당 등을 수령하는 개인'**에 한해 가입이 가능하고, 구직촉진수당 등을 받는 개인이 채무 불이행 시 채권자의 예금 압류 등의 권리행사를 원천적으로 차단하는 통장입니다. 전국 11개 금융기관(우리, 기업, NH농협, 농협중앙회, 부산, 수협, 새마을금고, 신한, 국민, 우체국, 하나) 영업점에서 개설할 수 있고, 통장 개설 시 '수급자격 인정 통지서' 등을 꼭 지참해야 합니다.

서울시, 청년 중증장애인의 자산형성을 위한 '이룸통장'

CHECK POINT

신청 자격에 해당된다면 반드시 공고문을 확인하고, 모집기간 내에 신청하여 서울시로부터 일정 금액을 지원받는 등 자산형성의 기회를 잡으세요.

개 요

이룸통장이란, 서울시에 살며 일정 요건을 충족한 서울시 청년 중증장애인(舊 1~3급)이 3년간 매월 일정 금액을 해당 통장에 저축하면 서울시(서울시복지재단)에서 매월 15만 원을 매칭 형태로 지원하는 자산형성 통장을 말합니다.

1단계: 신청 자격 및 신청 절차

모집공고일을 기준으로 ① 주민등록상 **서울시에 주소**를 두고 있는 ② **만 15세 이상 만 39세 이하 청년**이면서, ③ 장애인복지법 기준 등록 장애인 중에서 **중증장애인(舊 1~3급)**으로서, ④ **소득인정액 기준 중위소득 100% 이하인 가구의 가구원**이어야 합니다. 단, 신청인 본인이 생계 · 의료급여수급자(보장시설수급자 포함)이거나 서울시의 다른 자산형성지원사업(예 희망두배 청년통장, 희망플러스통장, 꿈나래통장 등)에 참여하고 있으면 안됩니다.

➲ 2023년 모집공고일 기준 중위소득

(단위: 원)

구분	1인 가구	2인 가구	3인 가구	4인 가구	5인 가구	6인 가구
중위소득 100%	2,077,892	3,456,155	4,434,816	5,400,964	6,330,688	7,227,981

* 가구당 기준 중위소득은 매년 정부 고시에 의해 변경될 수 있으니 유념하시기 바랍니다.

신청할 때는 서울시(www.seoul.go.kr) 고시 · 공고란, 서울시복지재단(www.welfare.seoul.kr) 재단소식란의 신청서식과 필요서류를 작성 · 확인하여 주소지 동 주민센터에 직접 방문 접수해야 합니다. 다만, 일정한 추가 서류를 제출하면 대리인 접수도 가능합니다. 그러나 가구원 중에 중증장애인(舊 1~3급)이 2명 이상일지라도 1명만 신청할 수 있습니다.

2단계: 신규 모집에 선정된 이후 프로세스

매년 이룸통장 신규 모집기간 이내에 신청을 하고, 선정과정을 거쳐, 최종적으로 서울시(서울시복지재단)가 참가자를 선정하게 됩니다. 참가자로 선정된 사람은 협력은행(우리은행)에 신분증 등을 지참하고 방문하여 통장을 개설하면 됩니다. 이때 해당 통장에 본인 저축액을 직접 입금하거나 매월 자동이체를 걸어두면 되는데, 본인 저축액은 매월 10만 원, 15만 원, 20만 원 중에 하나를 선택할 수 있습니다. 그러나 서울시의 매칭지원금은 매월 15만 원 정액입니다. 적립 기간과 매칭지원금 지원 기간은 총 36회(36개월, 3년)입니다.

➲ **본인 저축액 선택과 서울시의 매칭지원금 내용**

구분	금액			비고
본인 저축액	10만 원	15만 원	20만 원	본인 선택
매칭지원금	15만 원	15만 원	15만 원	서울시 지원 (정액)
만기적립금	900만 원 +이자	1,080만 원 +이자	1,260만 원 +이자	매월 적립 시 (총 36회)

3단계: 준수해야 할 사항 및 유의할 점

이룸통장에 가입한 사람은 ① 적립기간(3년) 동안 서울시에 계속 거주해야 하고, ② 적립기간 중 13회 이상 저축해야 하며, ③ 적립기간 동안 서울시복지재단에서 마련한 금융교육을 연 1회 이상 이수해야 하고, ④ 이룸통장의 기타 약관(약정) 내용을 준수해야 합니다. 참가자로 선정된 이후(이룸통장 가입 이후) 소득 증가 여부 등을 따져 이룸통장 유지자격을 박탈하지는 않으나 기타 정부지원서비스에서 불이익(예 장애인연금 감소 등) 및 건강보험료 등을 추가로 납부할 수도 있음을 숙지해야 합니다.

경기도, 청년 중증장애인을 위한 '누림통장'

CHECK POINT

신청 자격에 해당된다면 반드시 공고문을 확인하고, 모집기간 내에 신청하여 경기도로부터 일정 금액을 지원받는 등 자산형성의 기회를 잡으세요.

경기도 장애인 누림통장의 개요

'경기도 장애인 누림통장'은 2022년 9월에 시작되었습니다. 경기도에 거주하는 만 19세부터 만 21세까지의 청년이면서 **장애인복지법 기준 등록장애인 중 중증장애인(舊 1~3급)**의 자산형성을 지원하는 제도입니다. 24개월 동안 청년 중증장애인이 매월 1만 원부터 최대 10만 원까지 선택한 금액을 통장에 입금하면 경기도(경기도에 소속된 시 · 군 포함)가 청년 중증장애인이 입금한 금액과 똑같은 금액을 매칭하여 지원합니다.

누림통장의 지원 자격

① 지원기간(24개월 동안)에 주민등록상의 주소지가 경기도이고, ② 만 19세부터 만 21세까지 이제 막 성년이 된 사람(2023년 지원 대상은 2002년 1월 1일부터 2004년 12월 31일까지 출생한 사람)이면서, ③ 장애인

복지법 기준 등록장애인 중에서 중증장애인(舊 1~3급)의 요건을 모두 만족해야 합니다. 다만, 정부 및 다른 지방자치단체에서 주관하거나 진행하는 다른 청년 · 청년 근로자 · 장애인 대상 자산형성 지원사업의 가입자는 중복으로 지원할 수 없습니다. ④ 서울시 이룸통장(1가구 내에 다수 인원이 가입 가능할 때 1명만 가입 가능)과 달리 가구원 중에서 대상자가 여러 명일 경우에도 모두가 신청 가능합니다.

➲ 정부 및 지방자치단체의 자산형성 지원사업 현황 예시

〈보건복지부〉 희망키움 · 내일키움 · 청년희망키움통장,
청년저축 · 희망저축 · 청년내일저축계좌
〈고용노동부〉 청년내일채움공제
〈중소벤처기업부〉 청년재직자 내일채움공제
〈통일부〉 미래행복통장
〈서울특별시〉 희망두배 청년통장, **이룸통장(장애인 限)**
〈부산광역시〉 청년희망날개통장
〈대구광역시〉 청년희망적금
〈인천광역시〉 **행복씨앗통장(장애인 限)**
〈대전광역시〉 청년희망통장
〈광주광역시〉 청년13통장
〈경기도〉 일하는 청년통장, 청년연금, 청년마이스터 통장,
누림통장(장애인 限)
〈충청남도〉 **반짝자립통장(장애인 限)**
〈강원도〉 일자리 안심공제, **청년 재가 중증장애인 지원사업(장애인 限)**
〈전라남도〉 전남 청년희망디딤돌통장, 일하는 순천청년희망통장,
영광 청년희망디딤돌통장
〈제주특별자치도〉 제주일자리 재형저축, 중소기업 장기재직 재형저축 등

지원 기간과 지원 내용

지원 기간은 24개월이지만 지원 횟수는 25회로 봐야 할 것 같습니다. 통장 가입자는 매월 1만 원부터 최대 10만 원까지 만 원 단위로 선택하여 입금할 수 있고, 경기도는 통장 가입자의 입금액과 동일한 금액을 1대1로 매칭하여 입금해 줍니다. 예를 들면 가입자가 6만 원을 통장에 입금하면 경기도가 6만 원을 입금하는 방식이고, 만약 가입자가 매월 최대 10만 원씩 만기까지 지속적으로 불입할 경우 가입자는 총 250만 원을 넣게 되고 경기도의 지원액 또한 250만 원으로 총 500만 원이 납입 원금이 됩니다.

신청 기간과 신청 방법

청년 중증장애인이 경기도 장애인 누림통장에 가입하고 싶다고 필요 서류없이 언제든지 가입할 수 있는 것이 아닙니다. 2023년의 경우에는 2023년 4월 10일부터 동년 5월 8일까지 필요서류(누림통장 참여신청서, 신청자격 자가진단서, 개인정보 수집 · 이용 및 제공동의서, 주민등록초본, 장애인등록증(장애인증명서) 등)를 갖춰 경기도에 소재한 읍 · 면 · 동 주민센터를 통해 방문 접수를 받았습니다. 해당 통장에 관심있는 청년 중증장애인들은 경기도 홈페이지(https://www.gg.go.kr/,뉴스 〉 경기도는 오늘 〉 더고른기회), 언론기사 등을 확인하여 자산형성의 기회를 잡으시기 바랍니다.

유의 사항

먼저, 경기도 장애인 누림통장에 가입할 경우 ① 유사 자산형성 지원 사업에서 제외될 수 있고, ② 통장에 쌓인 적립금(원금과 이자)은 학자금, 주거마련비용, 창업, 직업훈련비 등 자립을 위한 자금으로만 인출할 수 있으며, ③ 적립금을 받을 때 국민기초생활수급금액, 장애인연금 등 사회보장급여 및 자격에 영향을 미칠 수 있습니다. 뿐만 아니라 ④ 중도해지 하거나 누림센터에서 안내하는 자립역량강화 교육을 미이수할 경우 지원금이 지급되지 않고, ⑤ 경기도 장애인복지종합지원센터의 명의로 누림통장의 계좌가 개설이 되므로 경기도 장애인복지종합지원센터 홈페이지에 접속하여 적립금 현황을 조회해야 하는 등 약간의 번거로움이 있습니다.

경기도, 중증장애인을 위한 '기회소득'

CHECK POINT

신청 자격에 해당된다면 반드시 공고문을 확인하고, 모집기간 내에 신청하여 경기도로부터 기회소득을 받으세요.

개 요

경기도의 '**장애인 기회소득**'이란 사회활동이 어려운 장애인의 활발한 사회 참여 동기를 부여하고, 소액이지만 기회소득을 지급하므로써 장애인들에게 자립의 기회를 만들어 주고자 시범적으로 실시하는 정책입니다(경기도 홈페이지 장애인 기회소득 홍보 · 안내서 참조).

신청 대상

① 장애인복지법 기준 등록장애인 중에서 **중증장애인(舊 1~3급)** 이면서, ② 공고일(2023년 기준: 6월 29일) 기준 **주민등록표상 주소지가 경기도**인 동시에, ③ 2023년 기준 **기준 중위소득 120% 이하의 가구원**으로서, ④ **만 13세 이상~만 64세 이하**인 사람 및 ⑤ **스마트폰 사용자**로 스마트 워치와 연동하여 본인의 활동내용 기록을 희망하는 사람의 요건을 모두 충족해야 합니다.

신청 기간 및 신청 접수 등

경기도 기회소득은 연중 아무 때나 신청이 가능한 것이 아니라 모집 기간 이내에 신청해야 합니다(2023년의 경우 2023년 7월 5일~14일). 신청할 때 필요서류(신청서, 개인정보제공동의서, 장애인 복지카드 사본, 주민등록등본, 주민등록초본, 건강보험납부확인서, 건강보험자격확인서, 가족관계증명서)를 작성 및 구비하여 온라인 접수(경기민원24, http://gg24.gg.go.kr) 또는 등기 우편 접수(경기도 장애인복지종합지원 센터 기회소득TF팀)를 하거나 경기도 읍 · 면 · 동 주민센터에 현장 접수를 하면 됩니다.

선정 인원 및 혜택

2023년 기준으로는 신청한 사람들 중에서 **2,000명을 선정**하였으며, 매주 2회, 1시간 이상의 경기도가 정한 가치 활동 참여 인증 시 **매월 5만 원씩 6회**(총 30만 원)**를 기회소득으로 지원**합니다.

인천광역시, 청년 발달장애인의 자산형성을 위한 '행복씨앗통장'

CHECK POINT

신청 자격에 해당된다면 반드시 공고문을 확인하고, 모집기간 내에 신청하여 인천광역시로부터 일정 금액을 지원을 받는 등 자산형성의 기회를 잡으세요.

개 요

'인천광역시 행복씨앗통장'은 인천광역시에 거주하는 만 16세부터 만 39세 이하의 청년 발달장애인(지적장애인과 자폐성장애인)의 자산형성을 지원하는 제도입니다. 매년 신청자 중에서 200명을 선정하여 36개월 동안 청년 발달장애인이 매월 15만 원을 해당 통장에 입금하면 인천광역시(산하 군과 구 포함)가 매월 15만 원을 매칭지원금 형태로 적립해 주는 제도입니다.

➲ 행복씨앗통장 프로세스

市	군 · 구 · 동 행정복지센터	주관은행 (NH농협은행)	계좌관리기관 (인천발달장애인 지원센터)
사업계획수립 세부지침 마련	신청 접수, 적격자 심사 및 심사배점표작성, 최종 선발자 확정, 지원금 통장 입금	통장계좌생성, 신용정보조회	부모 · 당사자 상담 및 교육 등 주의사항 안내, 참가자 저축금 관리

행복씨앗통장 신청 및 신청 자격

인천광역시의 '행복씨앗통장'은 2023년 기준으로 4월 3일부터 4월 17일까지 신청을 받았습니다. 즉, 매년 신청 기간이 따로 있으니 관심 있는 분들은 인천광역시 홈페이지, 인천광역시 산하 관청의 모집공고, 언론기사 등을 주의 깊게 지켜보시기 바랍니다. 신청자격으로는 ① 공고일 현재 **주민등록상 인천광역시**에 거주하는 **만 16세 이상~만 39세** 이하의 청년이고, ② **장애인복지법 기준 지적장애인 또는 자폐성장애인 (이하, 발달장애인)**이면서, ③ 소득인정액이 **기준 중위소득 100% 이하**인 가구의 가구원이어야 합니다.

➲ 2023년 기준 중위소득 기준표

(단위: 원)

구분	1인 가구	2인 가구	3인 가구	4인 가구	5인 가구	6인 가구	7인 가구
중위소득 100%	2,077,892	3,456,155	4,434,816	5,400,964	6,330,688	7,227,981	8,107,515

* 보건복지부 고시 제2022-191호(2022. 8. 8.)

신청 불가 사유

다만, ① 신청자 본인이 정부로부터 지원받는 생계 · 의료급여수급자(주거 · 교육급여수급자는 신청 가능)이거나 ② 신용불량자, ③ 통장 개설이 불가능한 사람일 때, ④ 신청자 본인 및 해당 가구원이 정부 및 타 지방자치단체에 유사한 자산형성 지원사업(디딤씨앗통장, 희망키움통장, 내일키움통장, 청년드림통장, 이룸통장, 누림통장 등)에 참여하고 있거나, ⑤ 과거 유사한 자산형성사업의 혜택을 받은 이후 5년이 경과되지 아니한 사람은 신청할 수 없으며, ⑥ 한 가구에 장애인이 여러 명인 경우에도 1명만 신청이 가능합니다.

지원 내용

인천광역시 행복씨앗통장은 매년 모집공고를 통해 신청한 사람 중 200명을 선정합니다. 선정된 사람(이하, 참가자)이 단일 금액인 매월 15만 원을 행복씨앗통장에 저축하면 매달 인천광역시(산하 군 · 구 포함)에서 매월 15만 원을 1대1로 매칭하여 지원합니다. 지원기간은 36개월이며 참가자 본인 15만 원과 인천광역시 지원금 15만 원을 36개월 동안 꾸준히 적립하면 행복씨앗통장에 쌓이는 만기 시 적립금은 원금 1,080만 원과 이자가 됩니다.

➲ 2023년 인천광역시 및 산하 군 · 구별 배정인원

(단위: 명)

구분	강화군	옹진군	중구	동구	미추홀구	연수구	남동구	부평구	계양구	서구
200	7	5	7	5	28	21	35	37	23	32

* 군 · 구별 모집 및 선정 단계에서 변동될 수 있음.

신청 서류 및 신청 방법 등

해당 통장을 통해 자산형성을 하고 싶은 청년 발달장애인은 ① 모집 공고 기간 이내에 ② 신분증, 참여신청서와 개인정보제공동의서, 사회보장급여 신청서, 장애인등록증 등을 갖춰 ③ 인천광역시의 읍 · 면 · 동 주민센터에 방문하여 신청하면 됩니다. 본인이 직접 접수하기 어려운 경우에는 동일 가구원 또는 법정대리인이 구비서류를 갖춰 대신 접수할 수 있습니다.

➲ 신청할 때 필요서류

구분		양식	내용
본인 지참 서류	① 본인 신분증 사본		주민등록증, 운전면허증, 여권, 장애인 복지카드 등 ※ 대리인 접수 시(대리인 신분증)
본인 작성용	② 가입신청서	【서식1호】	신청자 본인이 직접 작성
	③ 개인정보제공동의서	【서식2호】	
	④ 사회보장급여 신청(변경)서	【서식3호】	작성대상: **본인(배우자, 자녀), 부모** ※ 부모 및 배우자가 본인과 주민등록상 세대가 분리되어도 필수 포함
해당자에 한함 (본인 지참).	⑨ 전 · 월세 임대차 계약서(사용대차 확인서)	【서식4호】	**(초본상 본인 · 부모 거주지) 임대인에게 발급** 무상임대의 경우 "사용대차 확인서" 제출
			※ 본인 또는 부모 소유의 자가주택에 부모님과 함께 거주하는 경우, 제출하지 않음. **단, 본인은 전세, 부모는 자가인 경우(본인의 임대차 계약서 청구)**
	⑩ 부채증명원		최근 2개월 이내 제1, 2금융권 발급 (수수료 본인 부담) 제출대상: 본인(배우자, 자녀) 및 부모 **※ 신청마감일까지 미제출할 경우 인정불가**
	⑪ 부양의무자의 거부 · 기피	【서식5호】	1촌의 직계혈족(부모, 자녀)
동 행정복지 센터 조회 공용 발급	⑤ 장애인증명서		장애인등록증 및 장애인 복지카드 등 불가(본인 외 가구원 포함)
	⑥ 주민등록등본, 초본		각 1부
	⑦ 가족관계증명서		신청자 기준, 공고일 이후 발급, 주민등록번호 뒷자리 포함 ※ 미혼자의 경우 부모 중심으로 1부 발급 ※ 기혼자의 경우 본인(배우자 및 자녀) 1부, 부모 · 형제자매가 속한 가족관계 증명서 1부 발급(총 2부)
	⑧ 각종(가구현황) 증빙		차상위계층 확인서 등

심사 및 선정 과정

인천광역시의 읍 · 면 · 동 주민센터는 신청 서류를 접수하고, 인천광역시는 접수한 사람들의 신청 자격을 조사하며, 별도의 **면접 절차없이 고득자순**(**신청자의 연령, 가구소득, 인천시 거주기간 등을 고려, 선정심사표가 별도 있음**)**으로 200명을 선정**하여 결과를 안내합니다. 그 이후 발달장애인지원센터는 행복씨앗통장을 개설합니다. 보다 자세한 사항은 인천광역시 장애인복지과(032-440-2964) 및 인천광역시 산하 구 · 군 장애인담당과로 문의하시기 바랍니다.

➲ 2023년 인천 청년 발달장애인 '행복씨앗통장' 선정 심사표

신청자명		생년월일	

<table>
<tr><th>구분</th><th colspan="2">평가항목</th><th>배점</th><th>점수</th></tr>
<tr><td rowspan="5">신청자 본인 나이</td><td colspan="2">만 35세 이상 ~ 만 39세 이하
(1984 ~ 1988년생)</td><td>30</td><td rowspan="5"></td></tr>
<tr><td colspan="2">만 30세 이상 ~ 만 34세 이하
(1989 ~ 1993년생)</td><td>28</td></tr>
<tr><td colspan="2">만 25세 이상 ~ 만 29세 이하
(1994 ~ 1998년생)</td><td>26</td></tr>
<tr><td colspan="2">만 20세 이상 ~ 만 24세 이하
(1999 ~ 2003년생)</td><td>24</td></tr>
<tr><td colspan="2">만 16세 이상 ~ 만 19세 이하
(2004 ~ 2007년생)</td><td>22</td></tr>
<tr><td rowspan="11">가구 중위 소득</td><td rowspan="3">※ 증빙 서류 제출(확인)시 별도 소득조사 제외</td><td>수급여 가구 증명</td><td>50</td><td rowspan="11"></td></tr>
<tr><td>교육급여 가구 증명</td><td>48</td></tr>
<tr><td>기타 차상위계층 증명</td><td>46</td></tr>
<tr><td rowspan="8">소득인정액 조사에 따른 소득구간</td><td>중위소득 0% ~ 30%이하</td><td>44</td></tr>
<tr><td>중위소득 30%초과 ~ 40%이하</td><td>42</td></tr>
<tr><td>중위소득 40%초과 ~ 50%이하</td><td>40</td></tr>
<tr><td>중위소득 50%초과 ~ 60%이하</td><td>38</td></tr>
<tr><td>중위소득 60%초과 ~ 70%이하</td><td>36</td></tr>
<tr><td>중위소득 70%초과 ~ 80%이하</td><td>34</td></tr>
<tr><td>중위소득 80%초과 ~ 90%이하</td><td>32</td></tr>
<tr><td>중위소득 90%초과 ~ 100%이하</td><td>30</td></tr>
<tr><td rowspan="3">본인의 인천시 거주기간
※ 신청자 본인 기준 인천시로 재전입 한 경우, 재전입일부터 기산)</td><td colspan="2">5년 이상</td><td>20</td><td rowspan="3"></td></tr>
<tr><td colspan="2">3년 이상 ~ 5년 미만</td><td>18</td></tr>
<tr><td colspan="2">3년 미만</td><td>16</td></tr>
<tr><td colspan="4">총점</td><td></td></tr>
</table>

※ 동점자일 경우 ①수급권자(차상위포함) ②가구 중위소득 낮은 순 ③본인나이 많은 순 ④인천시 거주기간 순으로 우선순위 부여
예) ②가구 중위소득이 원단위 까지 동일할 경우 ③본인나이 많은 순 ④인천시 거주기간 순으로 우선순위 부여

심사자 소속팀 성명	(인)
확인자 소속팀 성명	(인)

---

* 참고자료: 인천광역시, '청년 발달장애인 「행복씨앗통장」 운영 계획(2023.3.)'

충청남도, 청년 중증장애인의 '반짝자립통장'

CHECK POINT

신청 자격에 해당된다면 반드시 공고문을 확인하고, 모집기간 내에 신청하여 충청남도로부터 일정 금액을 지원을 받는 등 자산형성의 기회를 잡으세요.

개 요

'충청남도 반짝자립통장'은 청년 중증장애인의 미래 준비, 자립자금, 자산형성을 지원하기 위한 통장입니다. 요건을 갖춘 신청자들 중에서 2023년 기준 100명을 선정하는데 선정된 사람이 3년간 매월 10만 원, 15만 원, 20만 원 중에서 선택한 금액을 저축하면 충청남도(산하 시, 군 포함)가 매칭지원금 15만 원을 추가로 적립해줍니다.

➲ 반짝자립통장 적립 구조

본인 월 저축액 (선택)	월 매칭지원금	월 적립금 (저축액+지원금)	적립금(3년)
10만 원	15만 원	25만 원	900만 원+이자
15만 원		30만 원	1,080만 원+이자
20만 원		35만 원	1,260만 원+이자

신청 자격과 신청 부적격 사유

'충청남도 반짝자립통장'에 신청할 수 있는 사람은 ① 모집공고일을 기준으로 주민등록상 충청남도에 주소를 두고 있는 ② 만 15세 이상~만 39세 이하의 청년으로, ③ 장애인복지법 기준 등록장애인 중에서 중증장애인(장애 정도가 심한 장애인, 舊 1~3급)만 가능하며, ④ 가구소득인정액이 기준 중위소득 100% 이하인 가구의 가구원 중 1명(한 가정에 장애인이 여러 명인 경우에도 1명만 신청 가능)이어야 합니다.

다만, ① 신청자 본인이 정부로부터 지원받는 생계 · 의료급여수급자(주거 · 교육급여수급자는 신청 가능), ② 신청자 본인이 신용유의자, ③ 신청자 본인 명의로 통장 개설이 불가능한 자, ④ 본인을 포함하여 부모 · 배우자 · 자녀 · 형제자매가 정부 또는 타 지방자치단체의 자산형성 지원사업에 참여한 경우(고용노동부 청년내일채움공제, 청년재직자 내일채움공제, 통일부 미래행복통장, 타 지방자치단체의 자산형성사업 등에 참여한지 만 5년이 넘지 않은 기존 참여자, 본인 및 가족이 보건복지부 희망키움통장, 내일키움통장, 청년 희망키움통장, 청년저축계좌 등에 참여한지 만 5년이 넘지 않은 기존 참여자)라면 신청이 제한됩니다.

신청 및 선정 프로세스

해당 통장은 365일 항시 신청할 수 있는 것이 아닙니다. 2023년 기준으로는 2023년 4월 10일부터 4월 28일까지 읍 · 면 · 동 주민센터에서 방문 접수를 받았습니다(본인 접수 원칙, 동일가구원 또는 법정대리인이 대리

방문 접수 가능). 신청 시 제출해야 하는 서류로는 ① 가입신청서, ② 개인정보제공동의서, ③ 사회보장급여 신청서, ④ 금융정보 등 제공 동의서가 있으며, 경우에 따라서는 임대차계약서, 부채증명원, 가족 해체 및 부양거부 · 기피 사유서 등을 제출해야 할 수도 있습니다.

신청했다고 해서 모두가 지원받는 것은 아닙니다. 2023년에는 신청자들 중에서 가구소득, 신청자의 연령, 거주기간 등을 반영한 선정심사표에 따라 고득점자 순(동점자인 경우에는 ① 소득이 낮은 순, ② 연령이 높은 순, ③ 충청남도에 오래 거주한 기간 순)으로 100명을 선정하였습니다.

➲ 2023년도 기준 지역별 선정 인원

(단위: 명)

계	천안시	공주시	보령시	아산시	서산시	논산시	계룡시	당진시	금산군	부여군	서천군	청량군	홍성군	예산군	태안군
100	20	12	3	12	8	6	3	7	12	2	2	2	3	3	5

유의 사항

해당 통장의 적립금은 ① 주택구입, 전월세 보증금 지급, 본인 및 자녀 고등교육비, 기술훈련비, 창업자금, 장애인 본인의 의료비 및 보조기기 구입 등에만 써야 합니다. ② 충청남도사회서비스원의 명의로 통장이 개설되고 부기명으로 가입자인 장애인 이름을 명기하기 때문에 가입자가 임의로 적립금을 인출 · 해지 등을 할 수 없고, ③ 10만 원, 15만 원, 20만 원 중 본인이 선택한 저축금액을 중간에 변경할 수 없으며, ④ 반짝자립통장에 쌓인 적립금으로 인해 다른 사회보장사업(복지서비스 등)에서 제외될 수도 있습니다.

강원도, '청년 재가 중증장애인의 자산형성 지원사업'

CHECK POINT

신청 자격에 해당된다면 반드시 공고문을 확인하고, 모집기간 내에 신청하여 강원도로부터 일정 금액을 지원을 받는 등 자산형성의 기회를 잡으세요.

개 요

강원도는 2023년 7월부터 청년 재가 중증장애인의 성인기 준비와 자립자금 마련, 자산형성지원을 위한 새로운 사업을 시작했습니다. 해당 사업의 참가자가 매월 15만 원 이상을 저축하면 강원도가 매월 매칭 지원금 15만 원(단일 금액)을 적립해 줍니다. 2023년에는 신청한 청년 재가 중증장애인 중에서 강원도 소재 시 · 군별 배정인원에 부합하게 **100명을 선정**하고, 선정된 사람이 해당 사업에 **약정기간(3년) 동안 매월 15만 원 이상을 저축하면 강원도에서 매월 15만 원을 지원**합니다. 향후 적립금은 청년 재가 중증장애인의 자립준비금(교육비, 의료비, 주거비, 직업 훈련비 등), 미래자산용도(신탁 등)로만 사용해야 합니다.

신청 자격

2023년의 경우에는 공고일 기준으로 ① **강원도에 1년 이상 거주**한 ② **만 15세 이상~만 35세 미만의 청년**(2023년 기준: 1988년 5월 10일 이후~2008년 5월 9일 이전 출생자)으로서, ③ 장애인복지법 기준 등록장애인 중 **중증장애인**(舊 1~3급)이면서, ④ 가구 소득인정액이 **기준 중위소득 100% 이하인 가구의 가구원** 요건을 모두 충족할 때만 신청이 가능했고 1가구에 여러 명의 장애인이 있을 경우에도 1명만이 신청할 수 있었습니다.

➲ 2023년 기준중위소득 기준표

(단위: 원)

구분	1인 가구	2인 가구	3인 가구	4인 가구	5인 가구	6인 가구	7인 가구
중위소득 100%	2,077,892	3,456,155	4,434,816	5,400,964	6,330,688	7,227,981	8,107,515

* 보건복지부 고시 제2022-191호(2022. 8. 8.)

신청이 불가한 사람

다만, 국민기초생활수급자 중에서 생계 · 의료급여수급자 또는 사회복지시설(장애인거주시설 등)에 입소한 사람, 신용유의 · 불량자 또는 통장 개설이 불가한 사람, 신청자 본인 또는 동일 가구의 가구원이 다른 자산형성 지원사업(고용노동부 청년내일채움공제, 청년재직자 내일채움공제, 통일미래행복통장, 보건복지부 희망내일키움통장(I, II), 내일키움통장, 청년희망키움

통장, 청년저축계좌 등 정부 및 타 지방자치단체의 자산형성사업. 단, 디딤씨앗 통장(아동발달지원 지원계좌)에 참여하거나 기존에 참여한 자산형성사업의 만기 해지일 이후 5년 경과자는 가능)에 참여하고 있다면 신청이 불가합니다.

신청 프로세스와 일련의 절차

해당 사업의 지원을 받고 싶은 신청자는 신청기간 이내에 본인의 강원도 주소지 읍 · 면 · 동 주민센터를 통해 구비서류를 갖춰 직접 방문 접수하면 됩니다. 다만, 신청자 본인이 만 18세 미만의 미성년자이거나 방문 접수가 불가능할 경우에는 동일 가구원 또는 법정대리인을 통해 대리접수도 가능합니다.

➲ 신청 시 구비서류(필수 + 추가)

【기본 제출서류】 – 신청자

① 강원도 청년 중증장애인 자산형성사업 참여신청서 1부
② 개인정보 수집 · 이용 및 제공동의서 1부
③ 사회보장급여 신청서 1부
④ 금융정보 등 제공동의서 1부
⑤ 대리인 신청 시 위임장, 신청인과의 관계 확인 서류 1부
⑥ 소득재산 신고서 1부
⑦ 가족관계증명서, 주민등록초본, 장애인등록증(증명서 각 1부)
⇒ 읍 · 면 · 동 행정복지센터 확인

【추가 제출서류】 - 해당자

① (전 · 월세)임대차계약서(자가인 경우는 제외)
무상임대인 경우 '사용대차확인서'를 다운로드하여 작성
② 부채증명원(최근 3개월 이내 제1, 2금융권 발급, 수수료 본인 부담)
③ 가족관계 해체 및 부양거부 · 기피 사유서 등

최종 대상자 선정 및 안내

해당 사업의 신청자들 중에서 선정심사표(소득인정액 · 신청자 연령 · 강원도 거주기간에 따른 점수 부과, 동점자의 경우에는 소득 낮은 순 〉 연령 높은 순 〉 강원도 거주기간이 긴 순으로 선정)에 의거하여 선정심사위원회에서 최종 대상자를 선정하고(2023년의 경우 100명), 최종 대상자를 강원도 및 시 · 군 홈페이지에 고시 및 공고하며, 개별적으로 우편으로 통지합니다.

유의 사항

자산형성사업의 적립금과 이자소득 등으로 인해 정부의 사회보장 사업 자격 및 수급권, 연금, 급여 등에 변동이 발생할 수 있으니 유의하시기 바랍니다.

정부의 대표적인 자산형성 지원사업과 유의해야 할 사항

CHECK POINT

주소지 및 연령, 적립 기간 등을 고려하고, 정부 또는 지방자치단체에서 실시하고 있는 여러 자산형성 지원사업들을 면밀히 검토하여, 신청 · 참가하시기 바랍니다.

정부의 자산형성 지원사업은 꼭 장애인만을 대상으로 하는 것은 아닙니다. 그리고 정부 내 각 부처별로 시행하고 있는 프로그램들이 워낙 많기 때문에 필자 또한 모두 알 수 없습니다. 다만, **정부의 자산형성 지원사업이란 국민기초생활수급가구 또는 차상위계층가구의 근로자, 비수급가구의 저소득 근로자가 자활 및 자립목적으로 자산형성 지원사업 통장(계좌)에 일정한 금액을 적립하면 정부가 일정 금액 또는 일정 비율로 매칭지원금을 지원하는 제도**로 요약할 수 있습니다.

➲ 정부의 자산형성 지원사업 예시

구분	희망키움 통장 I	희망키움 통장 II	내일키움 통장	청년희망키움 통장	청년내일 저축계좌
가입대상	일하는 생계 · 의료 수급가구	일하는 주거 · 교육 수급가구 및 차상위 계층 가구	자활근로사업 참여자	일하는 생계급여 수급청년 (만 15~39세)	일하는 주거 · 교육급여 가구 및 차상위 가구 수급청년 (만 15~39세)
본인 저축액	월 5/10만 원	월 10만 원	월 5/10 /20만 원	본인 의무저축 없음. *근로소득공제금 10만 원 적립	월 10만 원
정부 지원금	가구소득에 비례한 일정 비율(월 최대 85.5만 원)	본인 저축액에 1:1 매칭	본인 저축액에 1:1 매칭 (최대 10만 원)	본인 소득에 비례한 일정 비율(평균 377,000원, 최대 538,000원)	본인 저축액에 1:3 매칭
기타 지원액	민간매칭금 (본인 저축 시 월 정액 매칭)	–	내일키움장려금 (자활사업단 매출액) 1:1 or 1:0.5 매칭+내일 키움수익금 (자활사업단 수익금) 최대 15만 원	민간매칭금 (본인 저축 시 1:1 매칭 월 최대 2만 원)	–
3년 평균 적립액 (10만 원 저축 시)	1,700만 원 +이자 *본인 저축 360만 원 포함	720만 원 +이자 *본인 저축 360만 원 포함	(20만 원 저축 시) 2,268만 원 (최대 2,340만 원) +이자 *본인 저축 최대 720만 원 포함	1,789만 원 (최대 2,368만 원) +이자 *근로소득공제금 360만 원 포함	최대 1,440만 원 +이자 *본인 저축 360만 원 포함
지원 조건	3년 이내 생계 · 의료 탈수급	자립역량교육 이수 및 사례관리 등	3년 이내 탈수급 또는 일반적인 취업 · 창업 등	3년 이내 생계급여 탈수급	자립역량교육 이수, 자금사용 계획서 제출

* 단, 현재 정부 및 타 지방자치단체의 자산형성 지원사업에 참여하고 있거나, 과거 이러한 사업의 혜택을 받은 자는 중복 참여가 불가합니다.
* [자료 출처] 하나은행 홈페이지(희망+내일키움통장 〉 사업개요 〉 자산형성 지원사업이란?), 2023년 6월 말 조회 기준

그런데 **정부의 자산형성 지원사업의 참가자**(가입자)**는 지방자치단체가 주관하는 각종 자산형성 지원사업에 중복으로 신청할 수 없는 경우가 대부분**이기 때문에 필히 유의하시기 바랍니다. 즉, 주소지 및 연령, 적립기간 등을 고려하여 정부 또는 지방자치단체에서 실시하고 있는 여러 자산형성 지원사업들을 면밀히 검토하여 장애인 본인에게 가장 유리한 제도를 선택하시기 바랍니다.

아동발달지원계좌(디딤씨앗통장, CDA)

CHECK POINT

만 18세 이후 대학 진학, 창업, 사회 진출을 희망하는 취약계층 장애인 아동의 자산형성을 지원하는 제도입니다.

개 요

보건복지부는 미래성장동력인 아동에 대한 사회적 투자의 하나로써 **취약계층 아동이 사회에 진출할 때 필요한 비용을 조기에 마련할 수 있도록 자산형성을 지원하는 '아동발달지원계좌(디딤씨앗통장) 제도'를 운영 및 지원**하고 있습니다.

지원 대상

① **만 18세 미만**의 아동양육시설 아동 · 가정위탁 아동 · 공동생활가정 아동 · 소년소녀가정 아동 · **장애인거주시설 아동** 또는 ② 국민기초생활수급가구(기준 중위소득 40% 수준의 가구)의 만 12세부터 17세까지의 아동(단, 만 18세 미만까지 지원)입니다.

지원 내용

대상 아동이 본인 또는 후원자 · 보호자의 도움으르 **아동발달지원계좌(디딤씨앗통장)에 매달 일정금액을 적립**하면, 그 적립금을 기초로 1:2 매칭지원금 형태로써 **정부(지방자치단체)가 매월 최대 10만 원 이내에서 지원**합니다. 다만, 정부 및 지방자치단체에서 시행하고 있는 유사 자산형성 지원사업(서울시 희망플러스통장, 서울시 꿈나래통장 등. 단, 희망키움통장과는 중복 지원 가능)에 참여하고 있으면 중복 지원이 불가합니다. 그 밖의 자세한 사항은 아동권리보장원(02-6454-8500), 보건복지부 콜센터(129)에 문의하시기 바랍니다.

신청 방법 및 제출서류, 적립금의 사용 용도

지원 대상에 해당하는 아동은 **언제든지 읍 · 면 · 동 주민센터나 복지로 홈페이지**(https://www.bokjiro.go.kr, 복지로로그인 〉 서비스신청 〉 복지서비스신청 〉 복지급여신청 〉 아동청소년 〉 아동발달지원계좌)**를 통해 신청**할 수 있습니다. 신청할 때 제출해야 하는 서류로는 아동발달지원계좌(디딤씨앗통장) 신청서와 디딤씨앗통장 적립 및 사용계획서(국민기초생활수급가구 아동에 한함) 등이 있습니다.

아동발달지원계좌(디딤씨앗통장)의 적립금은 만 18세 만기 이후 학자금 등 학비, 기술자격 및 취업훈련비용, 창업비용, 주거마련비용 등 **자립용도로만 사용**할 수 있으며, 만약 자립용도비용이 발생하지 않고 **만**

24세가 된 때부터는 용도 제한없이 쓸 수 있습니다. 자세한 사항은 아동권리보장원(02-6454-8500), 보건복지부 콜센터(129)에 문의하시기 바랍니다.

두드림 U+요술통장

CHECK POINT

장애인 또는 장애인 가족은 두드림 U+요술통장과 같이 민간 기업에서 운영하는 장학사업에도 관심을 가지시기 바랍니다.

개 요

두드림 U+요술통장은 LG유플러스가 주최 및 지원하고 한국장애인재활협회가 주관하여 **장애가정 청소년(장애를 가진 청소년 또는 장애인 가족을 둔 청소년)의 대학 입학, 취업 등에 대비한 예비자금 마련과 자산 형성을 지원하는 장학사업**입니다.

모집 및 신청 자격

매년 8월에서 9월 경에 일정 인원을 모집하고, ① **중학교 1학년의 장애가정 청소년(장애를 가진 청소년 또는 조부모 · 부모 · 형제자매가 장애인인 청소년)**이면서, ② 소득수준은 **국민기초생활수급자 또는 차상위 70% 이하**에 해당하고, ③ 신청자 본인이 장애를 가진 청소년이라면 향후 대입 또는 취업이 가능하다고 한국장애인재활협회가 판단해 준 사람만이 신청이 가능합니다.

사업 내용

장애가정 청소년(멘티), LG유플러스 임직원(멘토), LG유플러스가 1:1:3 비율로 매칭하여 **60개월 동안 매월 10만 원**(2만 원 : 2만 원 : 6만 원)**씩을 해당 통장에 적립하며, 고등학교 졸업 후 대학 입학 또는 취업 시** 해당 통장의 **적립금 약 600만 원 정도를 장애가정 청소년에게 장학금으로 지원**하는 제도입니다. 보다 자세한 사항은 한국장애인재활협회(02-3472-3556)에 문의하시기 바랍니다.

장애인신탁

CHECK POINT

부모의 도움 없이도 장애인 자녀가 독립적으로 살아갈 수 있도록, 장애인 자녀가 평생토록 살 집과 생활비를 만들어 주고 싶은 부모들에게 추천합니다.

개 요

장애인이 부모 등 타인으로부터 재산을 단순히 증여받았다고 해서 특별한 증여세 혜택이 있는 것은 아닙니다. 그러나 장애인신탁을 활용할 때는 증여세를 아낄 수 있습니다.

상속세 및 증여세법 제52조의2, 소득세법 시행령 제107조에 따른 장애인(장애인복지법에 따른 등록장애인 등)이 타인으로부터 증여받은 금전 · 유가증권 · 부동산을 신탁업자(이하, 신탁회사)에게 신탁하고 신탁에서 발생하는 이익을 수익자인 장애인 본인이 전부 지급받는 경우, 증여받은 재산가액에서 최대 5억 원을 한도로 증여세 과세가액에 산입하지 않는 신탁을 장애인신탁(자익신탁)이라고 합니다. 2020년 1월 1일 이후부터는 타인이 신탁회사에 신탁하여 수익자를 장애인으로 하는 신탁(타익신탁)도 장애인신탁에 포함하였습니다.

➲ 일반 증여와 장애인신탁(자익신탁) 활용 시 증여세 납부세액 비교

(단위: 원)

구분 (증여금액)	증여세 납부세액		장애인신탁 증여세 절세액	비고
	일반 증여	장애인신탁 활용		
5천만 원	–	–	–	• 수증자: 성년 자녀, 국내 거주자 • 증여세 과세 가액 불산입과 직계비속 증여재산 공제(5천만 원) 적용 • 10년 이내 기증여 없음. • 신고세액공제만 적용
1억 원	4,850,000	–	4,850,000	
2억 원	19,400,000	–	19,400,000	
3억 원	38,800,000	–	38,800,000	
4억 원	58,200,000	–	58,200,000	
5억 원	77,600,000	–	77,600,000	
5억 5천만 원	87,300,000	–	87,300,000	
6억 원	101,850,000	4,850,000	97,000,000	
7억 원	130,950,000	19,400,000	111,550,000	
8억 원	160,050,000	38,800,000	121,250,000	
9억 원	189,150,000	58,200,000	130,950,000	
10억 원	218,250,000	77,600,000	140,650,000	
10억 5천만 원	232,800,000	87,300,000	145,500,000	

장애인신탁에서의 장애인이란

여기서 장애인은 **소득세법 시행령 제107조에 따른 장애인**을 말하며, 신탁설정일을 기준으로 ① **장애인복지법 기준 등록장애인**, ②「장애아동복지지원법」 제21조 제1항에 따른 '발달재활서비스를 받고 있는 사람', ③「국가유공자 등 예우 및 지원에 관한 법률」에 따른 '상이자 및 이와 유사한 자로서 근로능력이 없는 사람', ④ 항시 치료를 요하는 '중증환자(소득세법 시행규칙에 따른 장애인증명서상 장애기간 이내에 있는 사람)' 입니다.

장애인신탁에서 자익신탁

증여자로부터 금전, 유가증권, 부동산을 증여받은 장애인이 위탁자가 되어 신탁회사에게 증여받은 재산을 신탁하고 장애인 본인을 수익자로 하는 신탁을 말하는데, ①「자본시장법」에 따른 신탁회사에게 재산을 신탁해야 하고, ② 신탁에서 발생되는 이익의 전부를 수익자인 장애인이 받아야 하며, ③ 신탁기간이 장애인이 사망할 때까지로 되어 있거나 장애인이 사망하기 전에 신탁기간이 끝나는 경우에는 신탁기간을 장애인이 사망할 때까지 계속 연장하는 조건을 모두 충족해야 합니다.

➲ 장애인신탁(자익신탁) 구조도

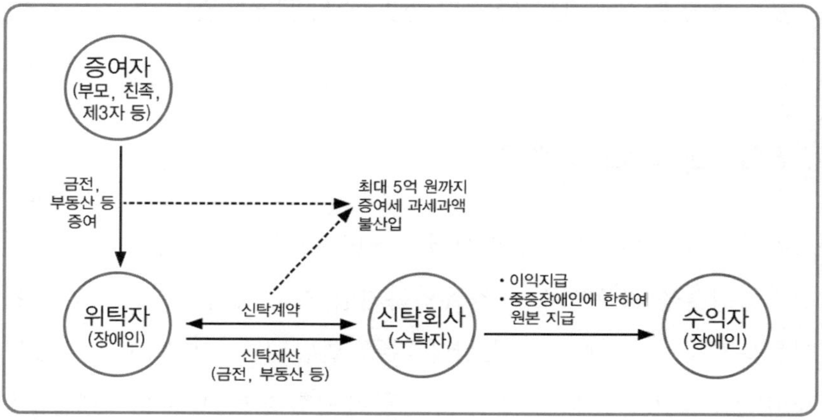

* 상기 구조도: 신관식, 「내 재산을 물려줄 때 자산승계신탁 · 서비스」, 삼일인포마인(2022년), 72면

장애인신탁에서 타익신탁

타인이 위탁자로서 신탁회사에게 본인 재산을 신탁하고 수익자를 장애인으로 하는 신탁을 말하는데, ①「자본시장법」에 따른 신탁회사에게 재산을 신탁해야 하고, ② 신탁에서 발생되는 이익의 전부를 수익자인 장애인이 받아야 하며(단, 장애인이 사망한 후의 잔여재산에 대해서는 그렇지 않음), ③ 수익자인 장애인이 사망하기 전에 신탁이 해지 또는 만료되는 경우에는 잔여재산이 그 장애인에게 귀속되어야 하고, ④ 수익자인 장애인이 사망하기 전까지는 수익자를 변경할 수 없으며, ⑤ 장애인이 사망하기 전에 위탁자가 사망하는 경우에는 위탁자의 지위가 그 장애인에게 이전되는 요건을 모두 충족해야 합니다.

➲ 장애인신탁(타익신탁) 구조도

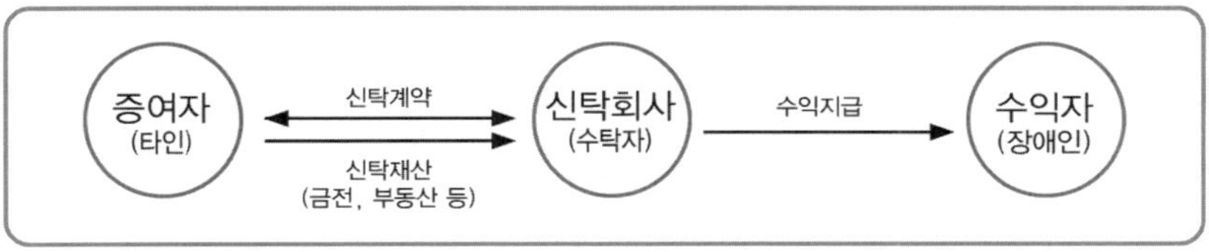

* 상기 구조도: 신관식, 「사례와 함께하는 자산승계신탁 · 서비스」, 삼일인포마인(2022년), 58면

증여세 과세가액 불산입액과 신고 요건

자익신탁에서 장애인이 살아있는 동안 증여받은 재산가액을 합친 금액과 타익신탁에서 설정 당시 원본가액을 합산한 금액에서 **최대 5억 원을 한도로 증여세 과세가액에서 차감**(불산입)합니다.

다만, 이 혜택을 누리려면 **증여세 신고기한(자익신탁의 경우: 증여일이 속한 달의 말일로부터 3개월 이내) 이내에** 관할 세무서장에게 신고하여야 하는데 제출할 필수서류로는 ① 증여세 과세표준 신고서, ② 증여재산 명세서 및 증여계약서 사본(금전의 경우 통장 이체 사실 여부 확인서류 등), ③ 신탁계약서, ④ 장애인증명서가 있습니다.

증여세 즉시 부과 사유와 부과 배제 사유

장애인신탁을 유지, 해지, 만료하는 상황에서 '증여세 즉시 부과 사유'에 해당될 때는 해당 재산가액을 증여받은 것으로 보아 즉시 증여세를 부과하며, 부과 배제 사유도 있으므로 유념하시기 바랍니다.

➲ 증여세 부과 사유와 부과 배제 사유

구분	증여세 즉시 부과 사유	부과 배제 사유
①	신탁을 해지하거나 신탁기간이 만료된 경우로서 이를 연장하지 아니한 경우	• 해지일, 만료일: 해당일로부터 1개월 이내 신탁에 재가입 시 예 2017년부터 다른 종류의 신탁 재가입 허용 (금전 ⇄ 부동산) • 법령, 감독기관의 지시 및 명령에 의거 영업 정지, 영업폐쇄, 허가취소 등의 사유로 해지: 해지일로부터 2개월 이내에 신탁에 재가입 시 • 재개발, 재건축, 소규모 재건축사업에 따른 사유로 해지: 건축완료일(준공인가일)로부터 2개월 이내 재가입 시
②	신탁기간 중에 수익자를 변경하거나 증여재산가액(신탁가액 원본 · 원금)이 감소하는 경우	• 신탁업자(신탁회사)가 재산을 운용하는 중에 재산가액이 감소하는 경우 • 중증장애인* 본인을 위한 의료비, 간병비, 특수목적 교육비, 월 150만 원 이하의 생활비로 원본 · 원금이 인출되는 경우

구분	증여세 즉시 부과 사유	부과 배제 사유
③	신탁의 이익이 전부 또는 일부가 장애인이 아닌 사람에게 귀속되는 것으로 확인된 경우	

* 여기서 '중증장애인'이란?

① 장애인복지법과 장애인고용촉진 및 직업재활법상 등록장애인 중 중증장애인(舊 1~3급)

② 5 · 18민주화운동 관련 보상 등에 관한 법률 기준 장해등급 3등급 이상으로 지정된 사람

③ 관련 법에 따라 고엽제후유의증환자로서 경도 장애 이상의 장애등급 판정을 받은 사람

* 신탁에서 발생하는 이익(Income): 중증장애인이든 경증장애인이든 모두 인출 가능

기타 유의 사항

장애인신탁을 가입한다고 하더라도 타인으로부터 재산을 증여받은 장애인은 취득세, 재산세, 소득세 등을 부담할 수 있습니다. 게다가 국민기초생활보장 수급권, 장애인연금 등 수급권을 판정할 때 신탁된 재산을 포함하여 증여받은 재산은 소득인정액 계산 시 포함됩니다. 즉, 장애인신탁을 할 경우에도 ① 국민기초생활보장수급자 또는 차상위계층에서 제외되어 국가 등으로부터 지급받는 급여나 보조금이 없어지거나 줄어들 수 있고, ② 중증장애인이 받게 되는 장애인연금이 없어지거나 줄어들 수도 있으며, ③ 국민건강보험료 피부양자에서 제외되어 지역가입자로 전환되거나 건강보험료 등을 추가로 납부할 수도 있고, ④ 근로장려금 신청자격 기준 등에서 탈락될 수도 있습니다.

보험금수익자가 장애인일 때 증여세 비과세

CHECK POINT

부모의 생전 또는 사후에도 장애인 자녀가 독립적으로 살아갈 수 있도록 장애인 자녀의 생계자금, 의료비 등을 미리 만들어 주고 싶은 부모들에게 추천합니다.

개 요

보험료를 실질적으로 납부하는 사람(이하, 보험계약자 등)과 보험사고 발생 시 보험금을 수령하는 사람(이하, 보험금수익자)이 다를 경우 보험금 수익자에게 상속세 또는 증여세가 발생할 수 있습니다.

그럼에도 불구하고 **보험금수익자가 소득세법 시행령 기준 장애인인 경우, 장애인이 수령하는 연간 4,000만 원까지의 보험금은 증여세가 비과세**됩니다(상속세 및 증여세법 제46조 제8호, 상속세 및 증여세법 시행령 제35조 제6항).

➲ 보험관계자별 보험금수익자의 과세 유형

유형	실질적인 보험료납부자	보험 계약자	피보험자 (보험사고 대상자)	보험사고	보험금 수익자	상속세 · 증여세 과세 여부
1	부	부	모	모 사망	자녀	증여세
2	모	모	자녀	연금지급개시	자녀	증여세
3	모	모	모	모 사망	자녀	상속세
4	모	자녀	모	모 사망	자녀	상속세
5	자녀	자녀	모	모 사망	자녀	과세안됨.

* 보험금 관련 상속세 및 증여세 과세 여부는 실질과세원칙에 따름.

* 자료: 신관식, 「내 재산을 물려줄 때 자산승계신탁 · 서비스」, 삼일인포마인(2022년), 158면

여기에서 장애인이란

이 제도를 적용받는 장애인은 **소득세법 시행령 제107조에 따른 장애인**을 말하며, ① **장애인복지법 기준 등록장애인**, ②「장애아동복지지원법」 제21조 제1항에 따른 '발달재활서비스를 받고 있는 사람', ③「국가유공자 등 예우 및 지원에 관한 법률」에 따른 '상이자 및 이와 유사한 자로서 근로능력이 없는 사람', ④ 항시 치료를 요하는 '중증환자(소득세법 시행규칙에 따른 장애인증명서상 장애기간 이내에 있는 사람)'입니다.

국세청 인터넷 상담 사례 및 국세청 예규

실제로 보험금수익자가 장애인인 경우가 많은 것 같습니다. 많은 분들이 장애인이 보험금수익자일 때 연간 4,000만 원까지 받는 보험금에 대해서 정말로 증여세가 비과세되는 것이 맞는지 국세청에 문의했습니다.

다른 설명보다도 국세청 인터넷 상담 사례와 예규를 통해 정리하는 것이 보다 효과적이라고 생각되어 소개합니다.

[국세청 인터넷 상담 사례] 2015-07-01

〈질문〉 SS생명에 내리사랑연금보험이라는 상품이 있는데 이 상품은 제가 연금을 수령하다가 사망을 하게 되었을 시 제 장애인 손자가 수익자가 되어서 연금을 이어받을 수 있는 상품인데… 이럴 경우(장애인 손자가) 매년 받는 수령액이 4천만 원을 초과하지 않을 시에 증여세가 비과세 적용이 되는 겁니까?

〈답변〉 장애인의 생계보장을 지원하기 위한 목적으로 장애인을 보험금 수령인으로 하는 보험으로서 장애인복지법 제32조에 따라 등록한 장애인 및 국가유공자 등 예우 및 지원에 관한 법률 제6조에 따라 등록한 상이자를 수익자로 한 보험의 보험금은 연간 4천만 원을 한도로 증여세가 비과세됩니다. 이 경우 **비과세되는 보험은 장애인이 보험금수령인인 모든 보험금에 대하여 적용되는 것으로** (중략) **매년 수령하는 보험금액이 연간 4천만 원 이내인 경우에는 증여세가 비과세**됩니다. 관련 법령 및 예규를 참고하시기 바랍니다.

[국세청 예규] 재산-357, 2010. 6. 3.

【질의】 (사실관계)

- 보험계약 형태는 계약자-父, 피보험자-차남(장애인이 아님), 수익자-장남(장애인 복지법에 의한 지적장애인)으로, 연금보험으로 연 납불입액은 1,800만 원이고 보험료 불입기간은 10년으로 연금개시 후 연금수령액은 매년 3,000만 원 정도로 예상되고, 연금지급기간은 피보험자 사망 시까지임.

(질의내용)

- 위와 같은 보험계약 형태를 할 경우 보험수익자인 장애인이 피보험자 사망 시까지 매년 수령하는 보험금 3,000만 원에 대해 상속세 및 증여세법 제46조에 근거하여 연간 보험금 수령액이 비과세 한도인 4,000만 원 이내이므로 비과세 혜택이 가능한지.
- 아니면, 연금개시일을 보험사고일로 보아 매년 수령하는 연금액을 종신정기금 평가규정을 적용한 전체 평가금액에서 비과세 한도인 4,000만 원을 차감한 금액을 증여재산으로 보아 증여세를 납부하여야 하는지 여부

【회신】 귀 질의의 경우, 「상속세 및 증여세법 시행령」 제35조 제6항에 해당하는 **보험금을 장애인이 연금으로 수령하는 경우로서 매년 수령하는 보험금액이 연간 4천만 원 이내인 경우 증여세가 비과세**되는 것임.

우정사업본부 '암보험 무료가입 지원사업'

CHECK POINT

장애인은 본인을 피보험자로 하여 암보험 등 보장성보험을 가입할 때 여러 애로사항들이 발생할 수 있습니다. 따라서 무상으로 지원되는 우정사업본부(우체국) 암보험 지원사업에 참여하여 고민을 덜어보세요.

개 요

우정사업본부(우체국)는 우체국공익재단과 함께 2001년부터 장애인들의 보험 사각지대 해소와 암 발생으로 인한 경제적 부담을 덜어주기 위해 **저소득층 중증장애인을 대상으로 '우체국 암보험 무료가입 지원사업'**을 펼치고 있습니다.

암보험 무료가입 지원사업의 신청 자격

2023년 기준 ① **만 19세 이상 35세 이하의 청년**으로, ② 장애인복지법 기준 등록장애인 중에서 **중증장애인**(舊 1~3급)이면서, ③ 소득기준 **국민기초생활수급자** 또는 **차상위계층**이어야 합니다.

신청 프로세스와 지원사업 대상 인원

2023년 기준 암보험 무료가입 지원사업을 받고 싶은 사람은 ① **장애인복지시설 또는 장애인복지단체 등의 추천**을 받아 ② 해당 **추천서를 신청기간 이내**(2023년 기준: 2월 28일~3월 23일)에 **우체국공익재단에 등기우편으로 제출**해야 합니다. ③ 우체국공익재단은 추천서 등을 검토한 뒤 **지원사업 대상자를 선정 및 심사**하며, ④ **선정 결과를 발표**(2023년 기준: 5월 16일)하고 개별적으로 안내합니다. 2023년의 경우 지원사업 대상 인원은 총 470명 내외였습니다.

무료가입 지원 암보험과 보장 내용

지원사업 대상자에게 무료로 가입해주는 암보험은 '우체국 무배당 어깨동무보험(2종-암보장형)'으로, 보험가입금액은 1,000만 원이고 보험기간은 20년입니다.

➲ 우체국, 무배당 어깨동무보험(2종-암보장형) 보장 내용

<table>
<tr><th>지급 구분</th><th>지급 사유</th><th colspan="2">지급액</th></tr>
<tr><td rowspan="4">암진단
보험금</td><td rowspan="2">암보장개시일 이후에 최초로 암진단 확정 시(최초 1회에 한함)</td><td>보험계약일부터
1년 미만</td><td>500만 원</td></tr>
<tr><td>보험계약일부터
1년 이상</td><td>1,000만 원</td></tr>
<tr><td rowspan="2">보험기간 중 최초로 갑상선암, 기타 피부암, 대장점막내암, 제자리암 또는 경계성 종양으로 진단 확정 시 (각각 최초 1회에 한함)</td><td>보험계약일부터
1년 미만</td><td>150만 원</td></tr>
<tr><td>보험계약일부터
1년 이상</td><td>300만 원</td></tr>
<tr><td>만기
보험금</td><td>보험기간이 끝날 때까지 생존 시</td><td colspan="2">이미 납입한 보험료의 30%</td></tr>
</table>

* 자료: 우체국보험 홈페이지(보험상품) 참조, 2023년 7월 말 조회 기준

장애인 전용 보장성보험 (장애인 전용 보장성보험으로 전환)

CHECK POINT

장애인 전용 보장성보험에 가입하거나 기존 보장성보험을 장애인 전용 보장성보험으로 전환하여 추가적인 소득세 세액공제 혜택을 누리세요.

개요 및 세제 혜택

소득세법 시행령 제107조에 따른 장애인(장애인복지법 기준 등록장애인, 「장애아동복지지원법」 제21조 제1항에 따른 '발달재활서비스를 받고 있는 사람', 「국가유공자 등 예우 및 지원에 관한 법률」에 따른 '상이자 및 이와 유사한 자로서 근로능력이 없는 사람', 항시 치료를 요하는 '중증환자')이 장애인 전용 보장성보험에 가입하거나 기존에 갖고 있던 보장성보험을 장애인 전용 보장성보험으로 전환(전환특약 활용)하면 비장애인과 동일한 보장성보험의 보험료를 내고도 조금 더 세액공제를 받을 수 있고 소득세를 절세할 수 있습니다.

➲ 장애인 전용 보장성보험(장애인 전용 보장성보험으로 전환) 절세액 예시

일반 보장성보험과 장애인 전용 보장성보험의 세액공제액 비교

	일반 보장성보험	장애인 전용 보장성보험
세액공제 대상 보험료	기본공제대상자를 피보험자로 하는 일반 보장성보험의 보험료	기본공제대상자 중 장애인을 피보험자 또는 보험수익자로 하는 장애인 전용 보장성보험료
한도금액	연 100만 원 한도	연 100만 원 한도 (단, 일반 보장성보험과 별개)
세액공제 비율	13.2% (지방소득세 포함)	16.5% (지방소득세 포함)
보험료 연간 100만 원 납부 시 세액공제 금액	**132,000원** 절세 (세액공제)	**165,000원 절세** (세액공제)
일반 보장성보험 100만 원 +장애인 전용 보장성 보험료 100만 원 납부 시 세액공제	**132,000원** 절세 (세액공제)	**297,000원 절세** (세액공제: 일반 13.2천 원 +장애인 16.5천 원)

사례 1 일반 보장성보험 1건 가입 → 해당 계약을 장애인 전용 보장성보험으로 전환: 세액공제 비율만 증가(13.2% → 16.5%)

사례 2 일반 보장성보험 2건 가입 → 2건 중 1건을 장애인 전용 보장성보험으로 전환: 추가 세액공제(장애인 전용 16.5%) 가능

*상기 사례는 연간 보험료가 100만 원인 경우를 가정

* 자료: 금융감독원 등, '장애인을 위한 보험 안내(2019년)' 참조

* 장애인 전용 보장성보험(주보험 기준, 2023년 7월 말 현재 판매상품): 장애인 전용 (무)교보 곰두리보장보험, 우체국보험 일부

→ 장애인 전용 보장성보험으로의 전환(특약)이 도입된 후 주보험 자체의 장애인 전용 보장성 보험은 대부분 판매가 중지되고 있는 상황임.

자동차보험의 '서민나눔특약'

CHECK POINT

자동차보험의 피보험자 또는 동거가족이 중증장애인일 때 서민나눔특약을 활용하여 매년 발생하는 자동차보험료를 아껴 보세요.

개 요

'서민나눔특약'이란, 자동차보험의 피보험자 또는 동거가족이 **장애인복지법 기준 등록장애인 중에서 중증장애인**(舊 1~3급)이면서 **소득 수준, 차량 기준** 등을 만족할 경우에 자동차보험료의 약 3.5~8.0%를 아낄 수 있는 제도(특약)를 말합니다.

서민나눔특약 가입조건

일단, 개인 명의의 자동차에 한하여 이하 4가지 조건 중 한 가지에 해당하면 서민나눔특약을 적용받을 수 있습니다.

1. 피보험자가 국민기초생활보장법에 의한 '국민기초생활수급권자'인 경우

2. **피보험자 또는 동거가족이 중증장애인이면서 소득 및 자동차 요건 등을 모두 충족하는 경우(1대만 가능)**

① 중증장애인: 장애인복지법 기준 중증장애인(舊 1~3급)

② 소득: 배우자 합산소득 연 4,000만 원 이하

③ 자동차(피보험자 소유 기준 1대만 가능)

- 비사업용이면서 배기량 2,000cc 이하의 승용차
- 1.5톤 이하의 화물자동차로서 최초 등록일로부터 5년 이상 경과한 차량

3. **장애인 운송용 휠체어나 슬로프가 설치된 차량(1대만 가능)**

- 피보험자 및 배우자의 합산소득이 연 4,000만 원 이하인 경우에 한함.

4. 만 30세 이상의 피보험자가 소득, 자동차, 소득 요건을 충족하는 경우

① 소득: 배우자 합산소득 연 4,000만 원 이하

② 자동차

- 비사업용이면서 배기량 1,600cc 이하의 승용차
- 1.5톤 이하의 화물자동차로서 최초 등록일로부터 5년 이상 경과한 차량

③ 자녀: 만 20세 미만(단, 만 65세 이상이면서 배우자 합산소득이 연 2,000만 원 이하인 경우 자녀 요건 제외)

서민나눔특약을 적용받기 위한 절차

서민나눔특약을 적용받기 위해서는 우선 서민나눔특약을 취급하는 손해보험사에 문의하여 특약 가입조건, 보험료 할인율, 필요서류 등을 확인하고 신청해야 합니다. 그리고 각 손해보험회사의 승낙이라는 절차를 필요로 합니다. 필요서류로는 각 손해보험사별로 상이할 수 있으나 공통적으로 국민기초생활수급자증명서, 장애인증명서, 차량등록증, 신분확인증표 등입니다.

➲ 각 손해보험 회사별 서민나눔특약 현황

회사명	특약명	주요 내용
삼성화재	나눔 친서민 특별약관	보험회사별 · 차종별 · 판매채널별로 가입조건과 보험료 할인율이 차이가 발생
현대해상	나눔(서민우대) 특별약관	
DB손보	프로미하트(서민우대 보험료 할인) 특별약관	
KB손보	희망나누기/희망나눔자동차 특별약관	
메리츠화재	행복나눔 할인 특별약관 I	
한화손보	나눔(서민우대) 특약	
롯데손보	희망나눔(서민우대) 특별약관	
MG손보	서민형 나눔 할인 특별약관	
흥국화재	서민우대 할인 특별약관	
하나손보	나눔 특별약관	
AXA손보	나눔(서민우대) 특별약관	

* 출처: 금융감독원, 금융꿀팁 200선(고령자, 장애인에게 유익한 금융상품 정보를 알려드립니다), 2022. 12. 8.

** 반드시 각 손해보험사에 문의하여 세부내용을 확인하고 신청하기 바랍니다.

'금융감독원 홈페이지(금융상품한눈에)' 활용과 시각장애인 은행 거래 프로세스 개선 등

CHECK POINT

금융거래를 하려는 장애인들은 반드시 금융감독원 홈페이지(금융상품한눈에)를 통해 여러 금융상품들을 효율적으로 확인하고 꼼꼼히 비교해 보는 습관을 가져야 합니다.

장애인이 저축, 투자, 보험 등 금융상품 계약을 희망할 때 각 금융기관의 개별적인 금융상품을 꼼꼼히 알아보는 것은 기본이면서 가장 좋은 방법입니다. 각 분야의 뛰어난 자산관리 담당자, 전문가를 만나 상담을 받는 것도 추천합니다. 그러나 장애인은 비장애인보다 좀 더 많은 시간, 비용, 노력이 들어갑니다. 이러한 장애인들의 애로사항을 해결해 주는 인터넷사이트가 있습니다. 바로 '금융감독원 홈페이지(금융상품한눈에)'입니다.

'금융감독원 홈페이지(금융상품한눈에)'를 활용하면 금융상품 소비자의 니즈에 꼭 맞는 저축, 펀드, 대출, 연금, 보험 등 금융상품을 쉽게 확인할 수 있습니다. 특히, 정기예금과 적금, 대출상품의 경우는 금액 · 기간 · 지역 · 이자계산방식 · 상환방식 · 가입대상 · 가입방법에 따른 맞춤형 상품을 조회할 수 있습니다. 펀드의 경우는 '금융투자협회 홈페이지(펀드 공시)'와 연계하여 펀드별 과거 수익률, 수수료 등의 정보를 얻을 수 있습니다. 보험의 경우에는 '온라인 보험슈퍼마켓 보험다모아'와 연계하여 가입조건에 따른 상품과 보험료, 보장내역 등을 확인할 수 있습니다.

➲ 금융감독원 홈페이지(금융상품한눈에)

특히, 시각장애인은 금융거래에 있어 많은 애로사항이 발생합니다. 그래서 2023년 금융감독원은 '시각장애인 은행 거래 시 응대 매뉴얼'을 만들었습니다. 앞으로 이 매뉴얼에 따라 은행들은 시각장애인 응대를 위한 전담 창구를 설치하거나, 점자 보안카드 및 점자 계약서류를 특별히 제작하거나 제공해야 하고, 음성안내 · 계약보조수단 및 홈페이지 · 모바일의 편의성을 제고하며, 자필기재가 불가능하더라도 통장 개설 및 금융상품 가입이 가능하도록 세부업무 프로세스를 정비해야 합니다.

➲ **금융감독원 보도자료**(2023년 6월 19일 조간)

금융위원회 | 보도자료 | 금융감독원

보도시점 2023. 6. 19.(월) 조간 배포 2023. 6. 16.(금) 15:00

시각장애인 혼자서도 금융상품 가입 가능해진다.

- 시각장애인 은행거래시 응대매뉴얼 마련 -

➤ [배경] 시각장애인이 은행을 방문하여 통장 개설 및 금융상품 가입을 하고자 하는 경우, 보호자의 동행을 요구하는 등 일부 불편사례 발생

➤ [내용] 시각장애인 은행 방문시 ❶응대요령, ❷계약서류 작성 보조 등 주요 업무 처리방법 및 ❸시각장애인을 위한 보조수단 활용방법을 정리

➤ [향후계획] '23년 6~7월 중 시각장애인 혼자서도 예금·대출상품 가입이 가능하도록 업무처리방식을 개선 (일부 은행은 거점점포 지정하여 순차적 확대)

절세금융상품 ①: 절세금융상품의 의미와 ISA(개인종합저축계좌)

CHECK POINT

절세금융상품은 장애인 본인, 장애인 가족들이 가입자격과 경제적 여건이 되는 한 금융거래 1순위로 생각해 봐야 할 제도들입니다.

절세금융상품의 의미 등

'절세금융상품'이라는 사전적 · 법률적 용어가 있는 것은 아닙니다. 다만, 세법에 근거하여 장애인 및 비장애인이 비과세, 소득공제, 세액공제, 분리과세 등의 세제 혜택을 받을 수 있는 금융상품을 절세금융상품이라고 통칭할 수 있습니다. 절세금융상품 중 이하 ISA, 주택청약종합저축, 조합예탁금, 조합출자금 등은 금융감독원 홈페이지 '금융상품한눈에 〉 절세금융상품'의 자료를 참조하여 작성하였습니다.

ISA의 개요

ISA(개인종합저축계좌 혹은 개인종합자산관리계좌)는 저금리 · 저성장 시대에 개인의 종합적 자산관리와 재산형성을 지원하려는 취지로 2016년도부터 시행된 절세형 계좌(Individual savings account, 조세특례 제한법 제91조의 18)입니다. ISA는 크게 신탁형 계좌, 일임형 계좌, 중개형

계좌로 구분되고 계좌 내에서 예 · 적금, RP, 펀드, 파생결합증권, 리츠 등에 투자할 수 있습니다.

ISA의 의무기간과 세제 혜택

ISA의 의무가입기간은 3년 이상이고, 의무가입기간 경과 후 만기 시 계좌 내의 각 상품별 · 자산별 이익과 손실을 통산한 순이익(이하, 금융소득)에 대해 소득세를 과세합니다. **금융소득 200만 원(서민형 · 농어민형 400만 원)까지는 비과세**하고, **200만 원(서민형 · 농어민형 400만 원)을 초과하는 금액에 대해서는 세율 9.9%(지방소득세 포함)로 분리과세** 합니다. 만약, 만기 자금을 연금계좌로 이전하는 경우 소득세 세액공제도 받을 수 있습니다.

➲ 일반저축계좌 vs ISA 세금 비교

(단위: 원)

순이익: 금융소득 (세전)	일반저축계좌 (지방소득세 포함 15.4% 가정)		ISA – 일반형 (200만 원까지 비과세, 초과 9.9% 분리과세)		ISA 절세액
	세금	세후 금융소득	세금	세후 금융소득	
1,000,000	154,000	846,000	0	1,000,000	154,000
2,000,000	308,000	1,692,000	0	2,000,000	308,000
3,000,000	462,000	2,538,000	99,000	2,901,000	363,000
4,000,000	616,000	3,384,000	198,000	3,802,000	418,000
5,000,000	770,000	4,230,000	297,000	4,703,000	473,000
10,000,000	1,540,000	8,460,000	792,000	9,208,000	748,000
15,000,000	2,310,000	12,690,000	1,287,000	13,713,000	1,023,000
20,000,000	3,080,000	16,920,000	1,782,000	18,218,000	1,298,000

순이익: 금융소득 (세전)	일반저축계좌 (지방소득세 포함 15.4% 가정)		ISA – 서민형, 농어민형 (400만 원까지 비과세, 초과 9.9% 분리과세)		ISA 절세액
	세금	세후 금융소득	세금	세후 금융소득	
1,000,000	154,000	846,000	0	1,000,000	154,000
2,000,000	308,000	1,692,000	0	2,000,000	308,000
3,000,000	462,000	2,538,000	0	3,000,000	462,000
4,000,000	616,000	3,384,000	0	4,000,000	616,000
5,000,000	770,000	4,230,000	99,000	4,901,000	671,000
10,000,000	1,540,000	8,460,000	594,000	9,406,000	946,000
15,000,000	2,310,000	12,690,000	1,089,000	13,911,000	1,221,000
20,000,000	3,080,000	16,920,000	1,584,000	18,416,000	1,496,000

ISA의 가입 대상과 한도, 유형 선택

ISA는 대한민국 거주자로서 ① 만 19세 이상의 성년이거나, ② 가입일 기준 직전연도 근로소득이 있는 만 15세부터 만 19세 미만의 미성년자이거나, ③ 농어민이라면 누구나 가입할 수 있습니다. 다만, 가입일(연장일) 기준 직전연도 3개 과세기간 중 1회 이상 금융소득 종합과세에 해당되어 종합소득세를 신고한 사람은 가입이 제한됩니다.

가입 한도는 연간 2천만 원(연간 한도는 다음 연도로 이월 가능)으로 5년간 최대 1억 원입니다. 단, 취급 금융기관을 통틀어 1인 1계좌만 개설이 가능합니다.

ISA 개설 시에는 일반형 · 서민형 · 농어민형 중 한 가지를 선택할 수 있습니다. 서민형 · 농어민형이 세제 혜택이 조금 더 많습니다(일반형의 경우에는 금융소득 200만 원까지 비과세, 서민형과 농어민형은 금융소득 400만 원까지 비과세). 우선 서민형으로 개설하기 위해서는 소득이 없거나 가입일 직전연도 근로소득이 5천만 원 이하(종합소득금액 3,800만 원 이하)이면서 소득확인증명서(ISA계좌 가입용)를 제출해야 합니다. 농어민형으로 개설하기 위해서는 종합소득금액 3,800만 원 이하이면서 농업인 · 어업인 확인서, 소득확인증명서(ISA계좌 가입용) 등을 제출해야 합니다.

유의 사항

가입일로부터 3년 이상 유지해야 금융소득 관련 소득세 절세 혜택이 있고, 취급 회사별 · 상품별로 수수료 체계가 다르므로 가입 전에 확인 및 비교해보는 것이 중요하며, ISA 내에 예 · 적금 이외에 펀드, ELS 등 파생결합증권 등을 편입할 수 있어 운용실적에 따라 원금손실이 발생할 수도 있습니다.

절세금융상품 ②: 일반 주택청약종합저축 및 청년우대형 주택청약종합저축

CHECK POINT

절세금융상품은 장애인 본인, 장애인 가족 등이 자격과 여건이 되는 한 금융거래 1순위로 생각해 봐야 할 내용들입니다.

주택청약종합저축 개요

주택청약종합저축은 기존의 청약저축 · 청약예금 · 청약부금 기능을 한데 묶어 놓은 것으로, 국민주택 또는 민영주택 분양 시에 청약권이 주어지는 저축상품입니다(조세특례제한법 제87조).

가입자격과 가입금액 한도 등

일반 주택청약종합저축은 국내 거주자라면 누구나 가입할 수 있고, 매월 2만 원 이상 자유롭게 납입할 수 있으며 가입금액 한도도 제한이 없습니다. 다만, 총 납입금액 1,500만 원을 초과하는 시점부터는 매월 50만 원 이하의 금액만을 납입할 수 있습니다. 주택청약종합저축은 모든 금융기관에서 취급하는 것이 아니라, 은행에서만 취급(국민, 기업, NH농협, 신한, 우리, 하나, 대구, 부산, 경남)합니다.

청년우대형 주택청약종합저축은 국내 거주자로서 ① 만 19세부터 만 34세 이하(병역이행 기간 최대 6년을 빼고 계산한 연령 기준)이면서, ② 직전 과세연도 총급여액 3,600만 원 이하인 근로소득자 또는 직전 과세연도 종합소득금액이 3,600만 원 이하의 사업소득자 · 기타소득자이어야 하고, ③ 한 세대의 세대주로서 3개월 이상 연속으로 유지한 청년이거나 세대주 예정자(가입일로부터 3년 이내에 입증 서류 제출 필요) 또는 세대원으로서, ④ 한 세대를 이루는 세대주와 세대원(배우자, 직계존비속) 모두가 무주택자이어야 하는 등 모든 요건을 충족해야 합니다.

세제 혜택과 유의 사항

일반 주택청약종합저축에 납입하는 금액에 대해 **소득공제 혜택**(연간 **납입금액은 최대 240만 원을 한도로 하며 연간 납입금액의 40%를 소득공제함**)을 받을 수 있는데, 소득공제를 받을 수 있는 사람은 ① **총급여액 7천만 원 이하이면서** ② **근로소득자**인 ③ **무주택 세대주**에 한합니다. 따라서 소득공제를 받기 위해서는 가입 은행에 무주택확인서를 일정 기간 내에 제출해야 하고, 소득공제를 받은 경우 가입일로부터 5년 이내에 중도해지 시 세금이 추징될 수 있습니다.

청년우대형 주택청약종합저축은 ① **일반 주택청약종합저축의 혜택**(**요건 충족 시 소득공제 혜택**)도 받을 수 있으면서, ② 일반 주택청약종합저축보다 **통상적으로 높은 금리를 적용받으며**(**우대이율 적용**), ③ **요건에 충족하는 청년**(모두 충족: 국내 거주자로서 직전 과세기간 총급여액이 3,600만 원 이하의 근로소득자 또는 직전 과세기간 종합소득금액이 2,600만 원 이하이면서 무주택 세대주 및 주택청약종합저축 가입기간이 2년 이상이어야 함)**이라면** 필요서류 제출 및 **가입 후 2년 이상 유지 시 해당 저축에 납입한 금액**(연간 600만 원 한도)**에서 생기는 이자소득을 비과세**합니다(최대 500만 원까지).

절세금융상품 ③: 조합출자금·조합예탁금

CHECK POINT

절세금융상품은 장애인 본인, 장애인 가족들이 가입자격과 경제적 여건이 되는 한 금융거래 1순위로 생각해 봐야 할 제도들입니다.

개 요

신협 · NH농협 · 수협 · 산림조합에서 취급하면서 조합원을 대상으로 하는 **조합출자금 · 조합예탁금**에 일정 금액을 출자하거나 예탁하면 **여기서 발생하는 금융소득(배당소득, 이자소득)에 대해 비과세 혜택**을 받을 수 있습니다(조세특례제한법 제88조의5, 동법 제89조의3).

조합출자금 관련

신협 · NH농협 · 수협 · 산림조합의 조합원이 되기 위해서는 일정 금액을 출자해야 하는데 이를 **조합출자금**이라고 하며, 일정 금액 이하의 조합 출자금에서 발생하는 배당금에 대해서는 **(배당)소득세를 비과세** 합니다. 세제 혜택을 받을 수 있는 조합출자금의 최대 가입 한도는 **'총 1천만 원'**까지입니다. 다만, 조합의 경영실적에 따라 배당금이 변동됩니다.

경우에 따라 원금 손실이 발생할 수 있고 예금자보호가 되지 않습니다. 뿐만 아니라 금융소득 종합과세 대상자는 가입이 제한됩니다.

조합예탁금 관련

신협 · NH농협 · 수협 · 산림조합의 조합원은 해당 상호금융조합에 본인 자금을 예탁할 수 있는데 이를 **조합예탁금**이라고 하며, 일정 금액 이하의 조합예탁금에서 발생하는 이자소득에 대해 비과세합니다(조특법 제89조의3). 조합예탁금은 **조합원만 가입이 가능**하고 이자소득에 대해 비과세 혜택을 받기 위한 최대 가입 한도는 **'총 3천만 원'**까지입니다. 해당 예탁금에서 발생하는 **이자소득에 대해 소득세는 비과세**되지만, 농어촌특별세 1.4%는 부과됩니다. 단, 금융소득 종합과세 대상자는 가입이 제한됩니다.

절세금융상품 ④ : 저축성보험

CHECK POINT

소득세 세액공제를 생각한다면 보장성보험으로, 소득세 비과세 혜택을 누리고 싶다면 저축성보험으로…

저축성보험의 의미 등

일단, **저축성보험이란 보장성보험과 달리 보험기간 만기 시 총납입한 보험료 총액보다 만기보험금(적립금)이 큰 보험**을 말하며 대표적으로 연금보험, 저축성보험 등이 있습니다. 저축성보험은 보험계약에 있어서 피보험자의 질병 · 상해 · 치료 · 사망 등으로 인한 보험금이 보장성보험보다 적지만, 계약체결에 따른 보수 등 수수료가 상대적으로 보장성보험 대비 저렴하므로 장애인의 자산형성 측면에서 보장성보험보다 유리한 부분이 있습니다.

저축성보험의 세제 혜택

보험회사, 방카슈랑스 등을 통해 판매되고 있는 **저축성보험*의 경우 세법 요건을 충족하면 이자소득(보험차익)을 비과세합니다**(소득세법 제16조,

동법 시행령 제25조). 가입대상은 제한이 없으나 세제 혜택을 받을 수 있는 저축성보험의 세부적인 요건 등은 다음 표를 참고하시기 바랍니다.

➲ 저축성보험 중 이자소득 비과세 혜택을 받을 수 있는 요건

구분	종신형 연금보험	월적립식 저축성보험	저축성보험(기타)
가입 한도	제한 없음.	아래의 요건에 따름.	• 총 1억 원 ('17.4.1.부터 체결하는 보험계약) • 총 2억 원 ('17.3.31.까지 체결하는 보험계약)
비과세 요건	아래 요건을 모두 충족해야 함. 1. 보험료 납입 이후 55세 이후부터 사망 시까지 보험금, 수익 등을 연금으로 받을 것 2. 계약자 사망 시 보험계약 및 연금재원이 소멸할 것 3. 최초 연금지급 개시 이후 중도 해지할 수 없을 것 등	아래 요건을 모두 충족해야 함. 1. 최초 납입일부터 만기일 또는 중도해지일까지의 기간이 10년 이상일 것 2. 최초 납입일로부터 납입기간이 5년 이상 인 월적립식 계약일 것 3. 최초 납입일부터 매월 납입하는 기본보험료가 균등할 것(최초 계약한 기본보험료의 1배 이내 증액 인정, 선납기간 6개월 이내 인정) 4. 계약자 1명당 매월 납입하는 보험료 합계액이 150만 원 이하일 것(2017년 4월 1일부터 체결하는 보험계약으로 한정)	아래 요건을 모두 충족해야 함. 1. 납입할 보험료가 각 목의 구분에 따른 금액 이하인 저축성 보험 가. 2017년 3월 31일까지 체결하는 보험계약의 경우: 2억 원 나. 2017년 4월 1일부터 체결하는 보험 계약의 경우: 1억 원 2. 최초 납입일부터 만기일 또는 중도해지일까지의 기간이 10년 이상일 것 3. 최초 납입일부터 10년이 경과하기 전에 납입한 보험료를 확정된 기간 동안 연금형태로 분할하여 지급받지 않을 것

* 상기 자료: 금융감독원 홈페이지(금융상품한눈에 〉 절세금융상품 〉 저축성보험) 참조

절세금융상품 ⑤: 청년희망적금

CHECK POINT

청년희망적금과 청년도약계좌는 성년 장애인이 사회생활을 막 시작했거나, 사회 초년생일 때 가장 먼저 생각해야 하는 자산형성 절세금융상품입니다.

개 요

'**청년희망적금**'은 청년층의 저축을 장려하고, 자산형성 지원을 위해 만들어진 상품으로서 **이자소득이 비과세되는 적금**입니다. 뿐만 아니라 일정 요건을 충족하는 경우, 서민금융진흥원에서 저축장려금이 지원되는 상품입니다. 취급하는 모든 금융기관을 통틀어 1인 1계좌만 가입이 가능하고, 청년도약계좌와 중복 가입이 불가능합니다.

가입 자격

가입대상은 ① **국내 거주자 개인**으로, ② **만 19세 이상~만 34세 이하**의 **근로소득자** 또는 **사업소득자**이면서, ③ **가입일 기준 직전연도 총급여액이 3,600만 원 이하 또는 직전연도 종합소득금액이 2,600만 원 이하인 사람**으로, ④ 가입일 기준 직전 3개 과세기간 중 1회 이상 금융소득 종합과세에 해당하여 소득세를 신고한 사람이 아닌 경우의 요건을 모두 충족해야 합니다.

가입 금액 및 적립 기간, 금리 수준

매월 1천 원 이상~**최대 매월 50만 원 이하(연 600만 원 한도)**로 자유롭게 적립할 수 있으며, 적립 기간은 **최대 24개월**입니다. 청년희망적금의 2023년 7월 말 현재 **기본 금리는 연 5%(세전 기준)**이지만, 우대금리와 그 밖의 혜택은 취급 은행(우리, 국민, 신한, 하나, NH농협, 기업, 대구, 광주, 전북, 제주, 부산, 경남)별로 상이할 수 있습니다.

세제 및 지원 혜택

가입일로부터 해당 적금의 **만기해지 시 또는 특별중도해지 시까지 발생한 이자소득에 대해 비과세**합니다. 뿐만 아니라 **서민금융진흥원**은 해당 **적금에 가입하는 기간별로 저축장려금을 지원**합니다(일반적인 중도해지 시에는 비과세 혜택과 저축장려금 지원이 없음).

➲ 서민금융진흥원의 저축장려금 지급 기준과 금액

기간	저축장려금
가입일~12개월	적금 납입 원금의 2%(최대 12만 원)
13개월~24개월	적금 납입 원금의 4%(최대 24만 원)

* 저축장려금: 서민금융진흥원이 정부예산으로 지급하는 장려금으로서, 정책 및 관련 법률 등이 변경되거나 예산이 소진되면 신규 가입이 제한될 수 있음.

절세금융상품 ⑥: 청년도약계좌

CHECK POINT

청년희망적금과 청년도약계좌는 성년 장애인이 사회생활을 막 시작했거나, 사회 초년생일 때 가장 먼저 생각해야 하는 자산형성 절세금융상품입니다.

개 요

'**청년도약계좌**'는 청년의 저축과 자산형성을 돕는 금융상품으로서 **이자소득 비과세 혜택과 서민금융진흥원의 지원금을 받을 수 있는 제도**입니다. 다만, 취급하는 모든 금융기관을 통틀어 1인 1계좌만 가입이 가능하고 청년희망적금과 중복가입이 불가능한 상품입니다.

가입 자격 등

가입 대상은 ① 국내 거주자 개인으로서, ② **만 19세 이상~만 34세 이하**(병역이행기간 최대 6년을 연령에서 차감)**이면서**, ③ **가입일 기준 직전 연도 총급여액이 7,500만 원 이하이거나 직전연도 종합소득금액 6,300만 원 이하인 사람**으로, ④ 가입일 기준 직전 3개 과세기간 중 1회 이상 금융소득 종합과세 해당하여 소득세를 신고하지 않았어야 하며,

⑤ 가입일 기준 직전연도의 가구소득이 '국민기초생활보장법'에 의거하여 기준 중위소득 180% 이하의 요건을 모두 충족해야 합니다.

가입 금액

가입 금액은 최소 매월 1천 원~**최대 매월 70만 원 이하(연 840만 원 한도)**로 자유롭게 적립할 수 있으며, 적립 기간은 **최대 5년**입니다. 해당 계좌의 금리, 이율, 수수료, 혜택 등은 취급 금융기관별로 상이할 수 있으며, **최고 우대금리는 연 6.0~6.5%(세전 기준)**입니다(2023년 7월 말 기준).

세제 및 지원 해택

해당 계좌는 **가입일부터 해당 계좌 만기해지 시 또는 특별중도 해지 시까지 발생한 이자소득에 대해 비과세**합니다. 뿐만 아니라 **서민금융진흥원**은 해당 계좌에 가입한 **청년들의 소득 · 급여수준별로 차등적으로 정부기여금을 지원**합니다(일반적인 중도해지 시에는 비과세 혜택과 정부기여금 지원이 없음).

➲ 서민금융진흥원의 정부기여금 지급 기준과 금액

개인소득		정부기여금 산정 기준금액	기여금 지급비율	월 최대 정부기여금
총급여액 기준	종합소득금액 기준			
2,400만 원 이하	1,600만 원 이하	월 납입 원금과 40만 원 중 적은 금액	6.0%	24,000원
3,600만 원 이하	1,600만 원 초과 2,600만 원 이하	월 납입 원금과 50만 원 중 적은 금액	4.6%	23,000원
4,800만 원 이하	2,600만 원 초과 3,600만 원 이하	월 납입 원금과 60만 원 중 적은 금액	3.7%	22,200원
6,000만 원 이하	3,600만 원 초과 4,800만 원 이하	월 납입 원금과 70만 원 중 적은 금액	3.0%	21,000원
6,000만 원 초과	4,800만 원 초과	미지급		

* 정부기여금: 서민금융진흥원이 정부예산으로 지급하는 지원금으로서, 정책 및 관련 법률 등이 변경되거나 예산이 소진되면 신규 가입이 제한될 수 있음.

절세금융상품 ⑦: 청년형 소득공제 장기펀드

CHECK POINT

청년형 소득공제 장기펀드는 성년 장애인이 사회생활을 막 시작했거나, 사회 초년생일 때 투자 목적으로 운용하는 절세금융상품입니다.

개 요

청년형 소득공제 장기펀드(장기집합투자증권)는 장애인 및 비장애인 등 청년 근로자들의 소득세 절세와 투자 활성화를 위해 마련된 제도로, **납입금액의 40%를 소득공제해 주는 절세형 투자금융상품입니다.**

가입 자격 등

가입 대상은 ① 국내 거주자 개인으로서, ② **만 19세 이상~만 34세 이하이면서,** ③ **가입일 기준 직전연도 총급여액이 5,000만 원 이하 또는 직전연도 종합소득금액 3,800만 원 이하인 사람**으로, ④ 가입일 기준 직전 3개 과세기간 중 1회 이상 금융소득 종합과세 해당하여 소득세를 신고한 사람이 아닌 요건을 모두 충족해야 합니다.

가입 금액 및 한도

매월 최대 50만 원, 연간 최대 600만 원을 한도로 자유롭게 투자할 수 있습니다. **의무가입기간은 3년이며 최대 가입기간은 5년**입니다. 단, 현행 조세특례제한법 기준으로 2023년 말까지만 신규 가입이 가능합니다.

세제 해택

매년 납입한 금액(최대 연 600만 원 한도)에서 40%를 소득공제(최대 240만 원)해 주므로 소득세를 절세할 수 있습니다. 다만, 의무가입기간이 3년으로 의무가입기간이 도달하기 전에 중도해지를 할 경우에는 소득세가 추징(지방소득세 포함 6.6%)되고, 투자금융상품이므로 예금자보호법에 따라 예금자보호가 되지 않고 운용성과에 따라 투자손실이 발생할 수도 있습니다.

➲ 청년형 소득공제 장기펀드의 소득공제 시 절세 효과(과표구간별, 납입금액별)

과세표준 구간별 (과표구간 세율)	연간 납입금액별 절세금액			비고
	연 200만 원 납입 시	연 400만 원 납입 시	연 600만 원 납입 시	
1,400만 원 이하 (지방소득세 포함 6.6%)	52,800원	105,600원	158,400원	납입금액의 40% 소득 공제에 따른 절세액 (지방소득세 포함)
1,400만 원 초과 ~5,000만 원 이하 (지방소득세 포함 16.5%)	132,200원	264,000원	396,000원	
5,000만 원 초과 ~8,800만 원 이하 (지방소득세 포함 26.4%)	211,200원	422,400원	633,600원	

* 2023년 소득세 과세표준 구간별 세율(세법 개정) 반영

기타 참고사항

연금저축과 퇴직연금도 납입금액에 일정 비율을 세액공제하는 절세 금융상품입니다. 그러나 연금저축과 퇴직연금에 대한 세부내용과 세제 혜택에 대한 설명은 **각 취급 금융기관의 자료가 훨씬 더 자세하고 풍부**하니 각 금융기관의 홈페이지, 모바일뱅킹, 상품안내장 등을 참고하시기 바랍니다.

서민금융진흥원의 금융취약계층을 위한 자산형성상품·대출상품

서민금융진흥원은 앞서 살펴본 청년희망적금, 청년도약계좌 등에 저축 장려금 등을 지원하고 있고, 시중은행의 대출상품을 이용하기 어려운 국민기초생활수급자 또는 차상위계층 등 저신용, 저소득 소외계층을 위한 미소금융제도도 운영하고 있습니다. 더불어 신용부채관리 컨설팅, 자영업 컨설팅, 취업 및 복지지원 등 폭넓은 활동을 전개하고 있습니다.

이번 장에서는 서민금융진흥원이 담당하거나 지원하거나 보조하고 있는 수많은 사업 가운데 **'서민금융진흥원 홈페이지**(서민금융한눈에, https://www.kinfa.or.kr)**에서 공시한 금융취약계층 대상 자산형성상품과 대출상품'**에 대해 소개하려고 합니다. 일부는 앞서 장애인 우대금리 적금, 청년희망적금, 청년도약계좌 등 절세금융상품에서 소개하였습니다. 이미 설명한 상품들은 제외하고 보편타당한 금융상품들을 중심으로 다음의 표를 통해 요약하여 설명하니 보다 자세한 사항은 서민금융진흥원에 문의(국번없이 1397)하시기 바랍니다.

➲ 금융취약계층 자산형성상품 예시(2023년 7월 말 조회 기준)

구분	미소드림적금
월 최대 적립금액	월 최대 20만 원(자유적립식)
연 최고 금리(세전)	연 9.2~10%(은행 금리+서민금융진흥원 지원)
가입 기간	1~5년
가입 대상	미소금융 이용자, 채무조정 성실상환자 (자세한 사항은 서민금융진흥원에 문의)
취급 기관	미소금융 전국 지점(우리, 신한, 국민, 하나, 기업)
상품 유형	적금

➲ 금융취약계층 대출상품 예시 ①

(연 대출이자율 4% 미만 상품, 2023년 7월 말 조회 기준)

구분	미소금융 운영자금	미소금융 창업자금	미소금융 취약계층 교육비 지원 대출
금리	연 2%(고정금리)	연 2%(고정금리)	연 2%(고정금리)
최대 대출한도액	500만 원	500만 원	500만 원
대출 대상*	무등록사업자	무등록창업(예정)자	금융취약계층
총 대출기간	5.5년 (상환 5년, 거치 0.5년)	6년 (상환 5년, 거치 1년)	6년 (상환 5년, 거치 1년)
상환방법	원(리)금 균등분할상환	원(리)금 균등분할상환	원(리)금 균등분할상환
연체이자율	연 9%	연 9%	연 9%

* 대출 가능 대상자와 자격 요건은 서민금융진흥원(국번없이 1397)에 문의

➲ 금융취약계층 대출상품 예시 ②

(연 대출이자율 4% 미만 상품, 2023년 7월 말 조회 기준)

구분	민간사업수행기관 창업자금_더불어사는사람들	미소금융 취약계층 자립자금
금리	연 3%(고정금리)	연 3%(고정금리)
최대 대출한도액	7,000만 원 *대출 용도: 창업, 운영 · 시설 등	1,200만 원
대출 대상 *	만 19세 이상의 창업자 또는 기준 중위소득 100% 이하자	금융취약계층
총 대출기간	5년(상환 4.75년, 거치 0.25년)	6년(상환 5년, 거치 1년)
상환방법	원(리)금 균등분할상환, 만기일시상환	원(리)금 균등분할상환
제공기관/ 취급기관	서민금융진흥원/ 더불어사는사람들	서민금융진흥원/ 미소금융 전국 지점
연체이자율 *	–	연 6%

* 대출 가능 대상자와 연체이자율 등 자세한 사항은 더불어사는사람들(02-3275-7080) 또는 서민금융진흥원(국번없이 1397)에 문의

장애인 자립자금 대여·대출 제도

개 요

장애인 자립자금 대여 · 대출 제도란 장애인복지법 제41조에 의거하여 요건을 갖춘 성년 등록장애인 중에서 자립자금 용도로 쓸 자금이 부족할 때 일정 서류를 갖춰 읍 · 면 · 동 주민센터에 신청하고, 심사를 통해 각 시장 · 군수 · 구청장에게 추천을 받은 사람은 자금대여기관(KB국민은행)으로부터 **연 2%의 금리**(2023년 2분기 대고객금리 기준)로 **대출**을 받을 수 있는 제도를 말합니다.

장애인 자립자금 대여의 신청 자격과 서류, 심사 등

장애인 자립자금 대여를 읍 · 면 · 동 주민센터에 신청할 수 있는 사람은 ① **장애인복지법 기준 등록장애인**이면서 만 19세 이상의 성년이어야 하고, ② 장애인이 속한 가구의 소득인정액이 기준 중위소득 50% 초과 100% 이하이어야 합니다. ③ 신청할 때는 각종 서류를 제출(사업계획서, 차량매매계약서, 지도 및 기술훈련장이 발급하는 훈련증명서, 장애인보조기구 구입 관련 매매계약서, 사무보조기기 구입 관련 매매계약서)해야 하고, ④ 신청한 사람들 중에서 심사 등을 거쳐 각 **시 · 군 · 구의 장에게 추천**을 **받은 사람만**이 실제 자금대여기관으로부터 대출을 받을 수 있습니다.

장애인 자립자금 대여·대출 목적과 사용 범위

장애인 자립자금 대여 · 대출을 통해 받은 자금은「장애인복지법 시행령」제24조 제1항에 따라 ① 생업자금, ② 생업용 자동차 구입비, ③ 출퇴근용 자동차 구입비, ④ 취업에 필요한 지도 및 기술훈련비, ⑤ 기능회복 훈련에 필요한 장애인보조기구 구입비, ⑥ 사무보조기기 구입비, ⑦ 자기개발 훈련비, ⑧ 장애의 완화와 극복을 위해 소요되는 의료비, ⑧ 지방자치단체장이 필요하다고 인정하는 비용 중 어느 하나에 해당되는 곳에만 써야 합니다. 예를 들어 가계자금, 주택전세자금, 학자금 등의 용도로 쓸 수 없습니다.

장애인 자립자금 대출의 조건과 상환방법, 한도

이 제도의 2023년 2분기 현재 대출금리(대고객금리)는 연 2%이고, 대출금 상환방법은 5년 거치, 5년 원금균등분할상환 방식입니다. 대출의 요건과 한도액은 다음 표의 내용과 같습니다. 다만, 매년 대여기관의 해당 대출 취급 한도액이 존재하고 예산 소진 시 대출이 제한될 수도 있으며 일정 기간 동안 판매가 중지될 수도 있음에 유념하시기 바랍니다.

➲ 장애인 자립자금 대여 · 대출 관련 대출 기준 및 한도액

구분	대출 요건	한도액
무보증대출	기존 대출금(신용대출 및 현금서비스 이용 합계액)이 2,000만 원 이하인 사람 중 연간 재산세 납세실적이 20,000원 이상인 사람 또는 연간소득이 600만 원 이상인 사람	가구당 1,200만 원 이하 (생업용 · 출퇴근용 자동차 구입 자금의 경우, 특수설비 부착 시 1,500만 원 이내)
보증대출	연간 재산세 납세실적이 2만 원 이상인 사람 또는 연간소득이 800만 원 이상인 사람(보증인 1명당 대출한도가 1,000만 원이며, 대출 금액이 1,000만 원 이상인 경우 보증인 2명)	가구당 2,000만 원 이하
담보대출	담보 물건이 있는 경우	담브 범위 내 (5,000만 원 이하)

* 자료: '찾기 쉬운 생활법령 정보' 사이트 참조
(https://m.easylaw.go.kr/MOB/CsmInfoRetrieve.laf?csmSeq=916&ccfNo=3&cciNo=1&cnpClsNo=1)

버팀목전세자금대출

개 요

버팀목전세자금대출은 요건을 갖춘 근로자 및 서민의 주거안정을 위해 주택도시기금과 기금수탁은행 겸 대출기관(협력 은행: 우리, 국민, 하나, NH농협, 신한, 대구, 부산)이 협업하여 일정 금액 이하의 전세자금을 대출해주는 제도입니다.

➲ 버팀목전세자금대출 요약

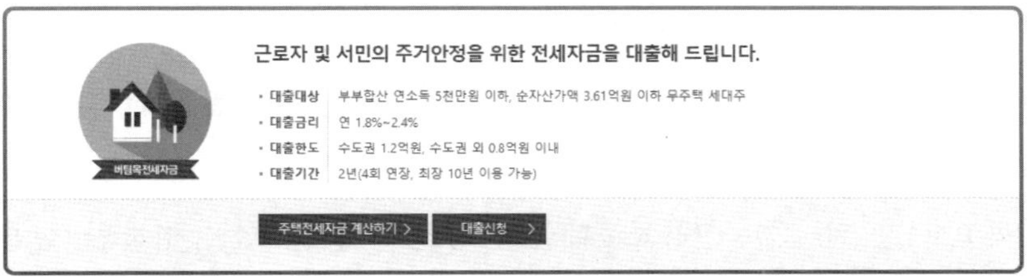

* 자료: 주택도시기금 홈페이지(https://nhuf.molit.go.kr/, 개인상품 〉 주택전세자금대출 〉 버팀목전세자금), 2023년 7월 말 조회 기준

대출 대상

버팀목전세자금대출을 신청하려는 사람은 이하의 요건을 모두 충족해야 합니다. ① 〈기계약자〉 주택임대차계약을 체결하고 임차보증금의 5% 이상을 지불한 사람, ② 〈연령 · 세대주〉 대출접수일 현재 만 19세 이상의 성년이면서 주민등록표상 세대주(세대주의 배우자, 세대주 예정자 포함), ③ 〈무주택자〉 주민등록표상 세대주와 세대원 전원이 1주택 이상을 소유하고 있지 않을 것, ④ 〈중복대출 금지〉 주택도시기금대출 및 은행의 전세자금대출, 주택담보대출을 이용하지 않은 사람, ⑤ 〈소득〉 대출 신청인과 배우자의 합산 연간 총소득이 5천만 원 이하인 사람(단, 신혼가구, 혁신도시 이전 공공기관 종사자, 타 지역으로 이주하는 재개발 구역 내 세입자, 다자녀 가구, 2자녀 가구인 경우 6천만 원 이하), ⑥ 〈자산〉 대출 신청인 및 배우자의 합산 자산에서 부채를 제외한 순자산가액이 통계청에서 발표하는 최근 연도 가계금융복지조사의 '소득 5분위별 자산 및 부채 현황' 중 소득 3분위 전체 가구 평균값 이하인 사람(2023년 기준 평균값 3억 6,100만 원), ⑦ 〈신용도〉 대출 신청인 기준 한국신용정보원 '신용정보관리규약'에서 정하는 신용정보 및 해제정보(연체 · 대위변제 · 대지급 · 부도 · 관련인 정보, 금융질서문란정보 · 공공기록정보 · 특수기록정보, 신용회복 지원등록정보)가 없는 사람 및 대출 신청인과 배우자가 기금수탁은행 겸 대출기관에 대출거래 제한이 없는 사람, ⑧ 〈공공임대주택〉 대출 신청일 현재 공공임대주택에 입주하고 있는 않은 사람(단, 대출 목적물이 공공임대주택인 경우 또는 대출 신청인과 배우자가 공공임대주택에서 퇴거할 경우에는 대출 가능)이어야 합니다.

대출 신청 시기

버팀목전세자금대출은 ① 임대차계약서상 잔금지급일과 주민등록 등본상 전입일 중 빠른 날로부터 3개월 이내에 대출을 신청해야 하고, ② 임대차계약을 갱신하는 경우에는 계약갱신일(월세에서 전세로 전환 계약한 경우에는 전환일)로부터 3개월 이내에 대출을 신청해야 합니다.

대출 신청 가능 부동산

버팀목전세자금대출 신청이 가능한 부동산의 면적 등이 정해져 있습니다. ① 임차 전용면적이 85㎡ 이하(수도권을 제외한 도시지역이 아닌 읍 또는 면 지역은 100㎡)이면서, ② 용도는 주택, 주거용 오피스텔, 각 호실이 구분되어 있고 전입신고가 가능한 채권양도협약기관 소유의 기숙사, 쉐어하우스(쉐어하우스는 면적 제한 없음)에 한합니다.

대출 가능 임차보증금

① **일반가구 또는 신혼가구의 전셋집 소재지가 수도권인 경우 임차보증금은 3억 원 이하**(수도권 외 2억 원)이어야 하고, ② **2자녀 이상 가구의 전셋집 소재지가 수도권인 경우 임차보증금은 4억 원 이하**(수도권 외 3억 원)이어야 합니다.

대출 가능 한도

버팀목전세자금대출의 대출 가능 한도 금액은 ① 임차보증금(갱신 계약의 경우 증액 후 총보증금)의 70(일반가구)~80%(신혼가구, 2자녀 이상 가구) 이내의 금액으로, ② **일반가구**의 경우 **수도권은 최대 1억 2,000만 원, 수도권 외의 지역은 최대 8천만 원**이 한도이며, ③ **2자녀 이상 가구의 경우에는 수도권은 최대 3억 원, 수도권 외의 지역은 최대 2억 원**이 한도입니다. 담보별 대출 한도는 한국주택금융공사, 주택도시보증공사 등의 규정을 따릅니다.

대출 금리

버팀목전세자금대출의 대출 금리는 부부합산 소득수준과 임차보증금 금액 정도에 따라 달라지고, 국토교통부 고시 금리에 따라 변동됩니다. 2023년 7월 말 대출 금리는 다음 표와 같고, 금리 우대요건을 확인하여 추가적인 혜택을 받아 보세요.

➲ 버팀목전세자금대출 금리(2023년 7월 말 기준)

부부합산 연소득	임차보증금		
	5천만 원 이하	5천만 원 초과 ~1억 원 이하	1억 원 초과
~2천만 원 이하	1.8%	1.9%	2.0%
2천만 원 초과 ~4천만 원 이하	2.0%	2.1%	2.2%
4천만 원 초과 ~6천만 원 이하	2.2%	2.3%	2.4%

* 금리우대(중복 불가): ① 연소득 4천만 원 이하 국민기초생활수급권자 · 차상위계층 연 1.0%p
  ② 연소득 5천만 원 이하 한부모 가구 연 1.0%p
  ③ **장애인** · 노인부양 · 다문화 · 고령자 가구 연 0.2%p
* 추가우대(중복 가능): ① 주거안정 월세대출 성실납부자 연 0.2%p
  ② 부동산 전자계약 체결(2023. 12. 31. 신규 접수분까지) 연 0.1%p
  ③ 다자녀 가구 연 0.7%p, 2자녀 가구 연 0.5%p, 1자녀 가구 연 0.3%p
* 유의 사항: 우대금리 적용 후 최종금리가 연 1.0% 미만이 되는 경우 연 1.0% 적용

대출 이용 기간과 상환방법

버팀목전세자금대출의 대출 기간은 ① 원칙적으로 2년인데 4회까지 연장이 가능하기 때문에 최대 10년까지 대출 이용이 가능합니다. 단, ② 주택도시보증공사 전세금안심대출 보증서가 있는 경우에는 원칙적으로 2년 1개월이지만 4회까지 연장이 가능하기 때문에 최대 10년 5개월 동안 대출 이용이 가능하며, ③ 최대 10년 이용 이후 만약 가구에 미성년 자녀가 있을 경우에는 미성년자녀 1명당 2년이 추가되어 최대 20년까지 대출 이용이 가능합니다. 대출 상환은 만기에 일시상환하거나 이용기간 중에 중도상환도 가능합니다(중도상환수수료 없음).

기타 유의 사항

대출을 실행하는데 있어서 대출 신청자는 담보(① 한국주택금융공사 전세대출보증 설정, ② 주택도시보증공사 전세금안심대출보증 설정, ③ LH · SH · 경기도시공사 등 채권양도협약기관에 임차보증금반환채권 양도)를 취득해야 하고, 대출이 실행되면 대출금은 임대인의 계좌에 입금됩니다(단, 임대인에게 미리 임차보증금을 지급한 사실이 확인되는 경우에는 임차인 계좌로 입금 가능). 대출계약 체결일 등 일정한 기일을 기점으로 14일 이내에 대출계약 철회가 가능하고, 대출 이용 기간 중에 주택 취득이 확인되는 경우에는 대출금을 정해진 기한 내에 상환해야 합니다. 임차대상주택 등이 소재한 기금수탁은행 영업점에서 대출을 받는 것이 원칙이며, 자세한 내용에 대한 상담은 주택도시보증공사 콜센터(1566-9009) 또는 기금수탁은행(우리, 국민, 하나, NH농협, 신한, 대구, 부산) 영업점에 문의하시기 바랍니다.

청년전용 버팀목전세자금대출

개 요

청년전용 버팀목전세자금대출은 전세자금이 부족한 청년(만 19세 이상~만 34세 이하)들의 주거안정 지원을 위해 주택도시기금과 기금수탁은행 겸 대출기관(협력 은행: 우리, 국민, 하나, NH농협, 신한, 대구, 부산)이 협업하여 요건에 맞게 일정 금액 이하로 대출해주는 제도입니다.

➲ 청년전용 버팀목전세자금대출 요약

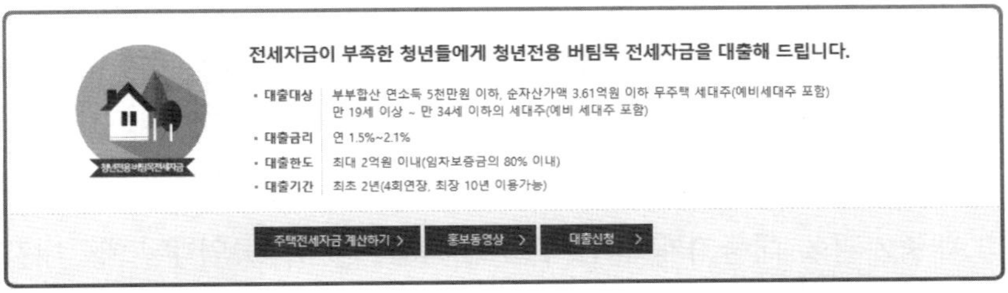

* 자료: 주택도시기금 홈페이지(https://nhuf.molit.go.kr/, 개인상품 〉 주택전세자금대출 〉 청년버팀목전세자금), 2023년 7월 말 조회

대출 대상

청년전용 버팀목전세자금대출을 신청하려는 청년은 이하의 요건을 모두 충족해야 합니다. ① 〈기계약자〉 주택임대차계약을 체결하고 임차보증금의 5% 이상을 지불한 사람, ② 〈연령 · 세대주〉 대출접수일 현재

만 19세 이상~만 34세 이하이면서 주민등록표상 세대주(예비세대주 포함. 다만, 요건을 충족하는 쉐어하우스에 입주하는 경우 세대주가 아니어도 됨), ③ 〈무주택자〉 주민등록표상 세대주와 세대원 전원이 1주택 이상을 소유하고 있지 않을 것, ④ 〈중복대출 금지〉 주택도시기금대출 및 은행의 전세자금대출, 주택담보대출 등을 이용하고 있지 않은 사람, ⑤ 〈소득〉 대출 신청인과 배우자의 합산 연간 총소득이 5천만 원 이하인 사람(단, 신혼가구, 혁신도시 이전 공공기관 종사자, 타 지역으로 이주하는 재개발 구역 내 세입자, 다자녀 가구, 2자녀 가구인 경우 6천만 원 이하), ⑥ 〈자산〉 대출 신청인 및 배우자의 합산 자산에서 부채를 제외한 순자산가액이 통계청에서 발표하는 최근 연도 가계금융복지조사의 '소득 5분위별 자산 및 부채 현황' 중 소득 3분위 전체 가구 평균값 이하인 사람(2023년 기준 평균값 3억 6,100만 원), ⑦ 〈신용도〉 대출 신청인 기준 한국신용정보원 '신용정보관리규약'에서 정하는 신용정보 및 해제정보(연체 · 대위변제 · 대지급 · 부도 · 관련인 정보, 금융질서문란정보 · 공공기록정보 · 특수기록정보, 신용회복지원등록정보)가 없는 사람 및 대출 신청인과 배우자가 기금수탁 은행 겸 대출기관에 대출거래 제한이 없는 사람, ⑧ 〈공공임대주택〉 대출 신청일 현재 공공임대주택에 입주하고 있는 않은 사람(단, 대출 목적물이 공공임대주택인 경우 또는 대출 신청인과 배우자가 공공임대주택에서 퇴거할 경우에는 대출 가능)이어야 합니다.

대출 신청 시기

청년전용 버팀목전세자금대출은 ① 임대차계약서상 잔금지급일과 주민등록등본상 전입일 중 빠른 날로부터 3개월 이내에 대출을 신청해야 하고, ② 임대차계약을 갱신하는 경우에는 계약갱신일(월세에서 전세로 전환 계약한 경우에는 전환일)로부터 3개월 이내에 대출을 신청해야 합니다.

대출 신청 가능 부동산과 임차보증금 범위

청년전용 버팀목전세자금대출 신청이 가능한 임차부동산의 면적과 용도 등이 정해져 있습니다. ① 임차 전용면적이 85㎡ 이하(만 25세 미만 단독세대주인 경우 60㎡ 이하)이면서, ② 용도는 **주택, 주거용 오피스텔**, 각 호실이 구분되어 있고 전입신고가 가능한 채권양도협약기관 소유의 기숙사, **쉐어하우스**(쉐어하우스는 면적 제한 없음)로 제한되며, ③ **임차보증금이 3억 원 이하면 신청이 가능**합니다.

대출 가능 한도

청년전용 버팀목전세자금대출의 대출 가능 한도 금액은 ① **임차보증금(갱신계약의 경우 증액 후 총보증금)의 80% 이내**의 금액으로, ② **최대 2억 원**이 한도이지만, ③ **만 25세 미만의 단독세대주인 경우에는 최대 1억 5천만 원이 한도**입니다. ④ 다만, **근로기간이 1년 미만인 재직자인 경우에는 대출 한도가 2천만 원 이하로 제한**될 수도 있습니다. 담보별 대출 한도는 한국주택금융공사, 주택도시보증공사 등의 규정을 따릅니다.

대출 금리

청년전용 버팀목전세자금대출의 대출 금리는 국토교통부 고시 금리에 따라 변동됩니다. 2023년 7월 말 대출 금리는 다음 표와 같고, 금리 우대 요건을 확인하여 추가적인 혜택을 받아 보세요.

➲ **청년전용 버팀목전세자금대출 금리(2023년 7월 말 기준)**

부부합산 연소득	임차보증금
	3억 원 이하
~2천만 원 이하	1.5%
2천만 원 초과~4천만 원 이하	1.8%
4천만 원 초과~6천만 원 이하	2.1%

* '20. 5. 8~'20. 8. 9.까지 접수된 청년가구 우대금리(0.6%p) 부여 계좌는 변경 전 기준금리(소득구간별 1.8~2.4%)가 적용되며, 연장 시점에 변경된 기준금리가 적용

* 금리우대(중복 불가): ① 연소득 4천만 원 이하 국민기초생활수급권자 · 차상위계층 연 1.0%p
② 연소득 5천만 원 이하 한부모 가구 연 1.0%p
③ **장애인** · 노인부양 · 다문화 · 고령자 가구 연 0.2%p

* 추가우대(중복 가능): ① 주거안정 월세대출 성실납부자 연 0.2%p
② 부동산 전자계약 체결(2023. 12. 31. 신규 접수분까지) 연 0.1%p
③ 다자녀 가구 연 0.7%p, 2자녀 가구 연 0.5%p, 1자녀 가구 연 0.3%p
④ 청년가구(만 25세 미만, 전용면적 60㎡ 이하, 보증금 3억 원 이하, 대출금 1.5억 원 이하 단독세대주) 연 0.3%p

* 유의 사항: 우대금리 적용 후 최종금리가 연 1.0% 미만이 되는 경우 연 1.0% 적용

대출 이용 기간과 상환방법

대출 기간은 ① 원칙적으로 2년인데 4회까지 연장이 가능하기 때문에 최대 10년까지 대출 이용이 가능합니다. 단, ② 주택도시보증공사 전세금

안심대출 보증서가 있는 경우에는 원칙적으로 2년 1개월이지만 4회까지 연장이 가능하기 때문에 최대 10년 5개월 동안 대출 이용이 가능하며, ③ 최대 10년 이용 이후 만약 가구에 미성년자녀가 있을 경우에는 미성년자녀 1명당 2년이 추가되어 최대 20년까지 대출 이용이 가능합니다. 대출 상환은 만기에 일시상환하거나 이용기간 중에 중도상환도 가능합니다(중도상환수수료 없음).

기타 유의 사항

대출을 실행하는데 있어서 대출 신청자는 담보(① 한국주택금융공사 전세대출보증 설정, ② 주택도시보증공사 전세금안심대출보증 설정, ③ LH · SH · 경기도시공사 등 채권양도협약기관에 임차보증금반환채권 양도)를 취득해야 하고, 대출이 실행되면 대출금은 임대인의 계좌에 입금됩니다(단, 임대인에게 미리 임차보증금을 지급한 사실이 확인되는 경우에는 임차인 계좌로 입금 가능). 대출계약 체결일 등 일정한 기일을 기점으로 14일 이내에 대출계약 철회가 가능하고, 대출 이용 기간 중에 주택 취득이 확인되는 경우에는 대출금을 정해진 기한 내에 상환해야 합니다. 임차대상주택 등이 소재한 기금수탁은행 영업점에서 대출을 받는 것이 원칙이며, 자세한 내용에 대한 상담은 주택도시보증공사 콜센터(1566-9009) 또는 기금수탁은행(우리, 국민, 하나, NH농협, 신한, 대구, 부산) 영업점에 문의하시기 바랍니다.

내집마련 디딤돌대출

개 요

내집마련 디딤돌대출은 서민들의 주거안정 지원을 위해 일정한 요건을 충족하는 주택을 구입할 때 자금이 부족할 경우 주택도시기금과 기금수탁은행 겸 대출기관(협력 은행: 우리, 국민, 하나, NH농협, 신한, 대구, 부산)이 협업하여 주택자금을 대출해주는 제도입니다.

➲ 내집마련 디딤돌대출 요약

정부지원 3대 서민 구입자금을 하나로 통합한 저금리의 구입자금대출

- **대출대상** | 부부합산 연소득 6천만원 이하(생애최초 주택구입자, 2자녀이상 가구 또는 신혼가구는 연소득 7천만원 이하), 순자산가액 5.06억원 이하 무주택 세대주
- **대출금리** | 연 2.15% ~ 연 3.00%
- **대출한도** | 일반 2.5억원(생애최초 일반 3억원), 신혼가구 및 2자녀 이상 가구 4억원 이내 (LTV 70%, 생애최초 주택구입자는 LTV 80%, DTI 60%이내)
- **대출기간** | 10년, 15년, 20년, 30년 (거치 1년 또는 비거치)

* 자료: 주택도시기금 홈페이지(https://nhuf.molit.go.kr/, 개인상품 〉 주택구입자금대출 〉 내집마련디딤돌대출), 2023년 7월 말 조회

대출 대상

내집마련 디딤돌대출을 신청하려는 사람은 이하의 요건을 모두 충족해야 합니다. ① 〈기계약자〉 주택매매계약을 체결한 사람으로 상속 · 증여 · 재산분할로 주택을 취득하는 사람은 제외, ② 〈연령 · 세대주〉 대출접수일 현재 만 19세 이상의 성년이면서 주민등록표상 세대주(세대

주의 배우자, 대출접수일 기준 3개월 이내 결혼을 앞둔 세대주 예정자 포함)이며, 다만 만 30세 미만의 단독세대주는 원칙적으로 대출 제외(예외 사항 있음), ③ 〈무주택자〉 주민등록표상 세대주와 세대원 전원이 1주택 이상을 소유하고 있지 않을 것(분양권, 조합원입주권도 주택으로 봄), ④ 〈중복대출금지〉 주택도시기금대출 및 은행의 주택담보대출을 이용하고 있지 않은 사람과 한국주택금융공사를 통해 매매계약을 체결한 주택에 대해 전세 및 월세자금보증을 이용하고 있지 않은 사람, ⑤ 〈소득〉 대출 신청인과 배우자의 합산 총 연소득이 6천만 원 이하인 사람(단, 생애최초주택구입자, 신혼가구, 다자녀 가구, 2자녀 가구인 경우 7천만 원 이하), ⑥ 〈자산〉 대출 신청인 및 배우자의 합산 자산에서 부채를 제외한 순자산가액이 통계청에서 발표하는 최근 연도 가계금융복지조사의 '소득 5분위별 자산 및 부채 현황' 중 소득 4분위 전체 가구 평균값 이하인 사람(2023년 기준 평균값 5억 600만 원), ⑦ 〈신용도〉 대출 신청인 기준 한국신용정보원 '신용정보관리규약'에서 정하는 신용정보 및 해제정보(연체 · 대위변제 · 대지급 · 부도 · 관련인 정보, 금융질서문란정보 · 공공기록 정보 · 특수기록정보, 신용회복지원등록정보)가 없는 사람 및 대출 신청인과 배우자가 기금수탁은행 겸 대출기관에 대출거래 제한이 없는 사람이어야 합니다.

대출 신청 시기

내집마련 디딤돌대출은 매매한 주택의 소유권이전등기 접수 전까지 신청하는 것을 원칙으로 합니다. 다만, 소유권이전등기를 한 경우에는 등기접수일로부터 3개월 이내에 대출을 신청해야 합니다.

대출 신청 가능 주택과 가액

내집마련 디딤돌대출 신청이 가능한 주택의 면적과 가액이 정해져 있습니다. ① **주거전용면적이 85㎡ 이하**(수도권을 제외한 도시지역이 아닌 읍 · 면 지역은 100㎡)이면서, ② 대출접수일 기준 해당 **주택 평가액이 5억 원 이하**만 가능합니다(단, **신혼가구 및 2자녀 이상 가구의 주택 평가액은 6억 원 이하**).

대출 가능 한도

대출 한도는 다음 조건에 해당하는 금액 중에서 **가장 적은 금액**으로 합니다.

1. 일반 2억 5천만 원 이하, 생애최초 3억 원 이하, 신혼가구 및 2자녀 이상 가구 4억 원 이하
   *단, DTI 60% 이내, LTV 70% 이내(생애최초 주택 구입자는 LTV 80% 이내)
2. 매매가격 또는 분양가격 이하
   *대출총액(본건 내집마련 디딤돌대출+국민주택 건설자금+중도금대출+기금대출)이 매매 · 분양가격을 초과할 수 없음.
3. 대출 가능 금액은 [(담보주택 평가액×LTV)−선순위채권−임대보증금 및 최우선 변제 소액임차보증금] 이하

* 상기 1, 2, 3의 가액 중 가장 적은 금액이 대출 가능 한도

대출 금리

내집마련 디딤돌대출의 금리는 부부합산 소득수준, 대출 기간에 따라 달라지고, 국토교통부 고시에 따라 고정금리 또는 5년 단위의 변동금리가 적용됩니다.

➲ 내집마련 디딤돌대출 금리(2023년 7월 말 기준)

[고정금리 또는 5년 단위 변동금리(국토교통부 고시)]

소득수준 (부부합산 연소득)	10년	15년	20년	30년
~2천만 원 이하	연 2.15%	연 2.25%	연 2.35%	연 2.40%
2천만 원 초과 ~4천만 원 이하	연 2.50%	연 2.60%	연 2.70%	연 2.75%
4천만 원 초과 ~6천만 원 이하	연 2.75%	연 2.85%	연 2.95%	연 3.00%

* 금리우대(중복 불가): ① 연소득 6천만 원 이하 한부모 가구 연 0.5%p
② **장애인 가구 연 0.2%p**
③ 다문화 가구 연 0.2%p
④ 신혼가구 연 0.2%p
⑤ 생애최초 주택구입자 연 0.2%p

* 추가우대(중복 가능): ① 청약(종합)저축 가입자(본인 또는 배우자) 납입회차에 연 0.1%p~연 0.2%p
② 부동산 전자계약 체결(2023. 12. 31. 신규 접수분까지) 연 0.1%p
③ 다자녀 가구 연 0.7%p, 2자녀 가구 연 0.5%p, 1자녀 가구 연 0.3%p
④ 신규 분양주택 가구(준공 전 분양아파트 또는 준공 후 분양전환 임대아파트의 최초 분양계약 체결 가구) 연 0.1%p

*** 유의 사항: 우대금리 적용 후 최종금리가 연 1.5% 미만이 되는 경우 연 1.5% 적용, 부적격자에게 가산금리 적용 등**

대출 이용 기간과 상환방법

내집마련 디딤돌대출의 대출 이용 기간은 **10년, 15년, 20년, 30년 중에서 선택**할 수 있고, 대출 상환은 비거치 또는 1년 거치 원리금균등분할상환, 원금균등분할상환 또는 체증식상환방식입니다. 중도상환도 가능하지만 3년 이내에 중도에 상환한 원금에 대해서는 대출실행일로부터 경과일수별 연 1.2% 한도 내에서 중도상환수수료가 발생합니다(2023년 7월 말 기준).

기타 유의 사항(실거주 의무제도 등)

대출을 실행하기 전에 담보가 설정될 수 있고(대출 대상주택에 대출실행일 이전에 제1순위 근저당권 설정, 담보평가는 대출접수일(또는 대출승인일) 현재의 가격정보, 공시가격, 분양가액, 감정가액 순서로 평가), 대출계약 체결일 등 일정한 기일을 기점으로 14일 이내에 대출계약 철회가 가능합니다(철회로 인한 중도상환 시 중도상환수수료 미발생).

해당 대출을 받은 차주는 대출받은 날로부터 1개월 내에 대출받은 주택에 전입 후 1년 이상 실거주 의무를 유지해야 하고, **정당한 사유없이 1개월 이내에 전입하지 않고 1년 이상 실거주하지 않는 경우 기한이익이 상실되며 대출금 전액을 상환해야 합니다**(실거주 의무제도). 다만, 기존 임차인의 퇴거지연, 집수리 등 1개월 이내 전입이 어려운 경우 사유서를 제출하면 전입 연장이 가능(2개월)하고, 질병치료나 다른 시 · 도 지역으로 근무지가 이전되는 등 불가피한 사유가 발생할 경우 실거주 적용을 유예할 수도 있습니다.

대출에 대한 자세한 상담은 주택도시보증공사 콜센터(1566-9009) 또는 기금수탁은행(우리, 국민, 하나, NH농협, 신한, 대구, 부산) 영업점에 문의하시기 바랍니다.

장애인 고용시설 설치비용 융자제도

장애인 고용시설 설치비용 융자제도 개요

사업을 하는 개인 또는 법인의 사업주는 장애인 근로자의 근무환경을 개선하기 위해 노력하는 경우가 있습니다. 장애인 근로자를 위한 작업시설, 부대시설, 편의시설 등을 구입 · 설치 · 수리할 때 비용이 발생합니다. 만약 사업주가 해당 비용이 부족할 경우 한국장애인고용공단에 '장애인 고용시설 설치비용 융자제도'를 신청하세요. 심사를 통해 한국장애인고용공단으로부터 대상자로 추천을 받게 되면 협력은행으로부터 융자를 받을 수 있고, 대출금리 중 연 5%에 해당하는 이자는 한국장애인고용공단이 지원합니다(이자차액 보전주1)).

➲ 장애인 고용시설 설치비용 융자제도 절차

사업주	→	공단지역본부 및 지사	→	공단지역본부 및 지사	→	사업주
융자신청		심사, 결정		결정통보		은행약정 체결

↓

은행	←	공단지역본부 및 지사	←	사업주
융자금 지급		투자확인서 발급		투자완료

* 절차 도표: 한국장애인고용공단 홈페이지 참조(사업주지원 〉 장애인고용시설자금융자 〉 제도설명)

주1) 이자차액 보전: 은행이 사업주에게 대출할 때 발생하는 이자 중 일부(연 5%)를 공단이 지원하는 것을 의미

장애인 고용시설 설치비용 융자제도 세부 내용

장애인 고용시설 설치비용 융자제도를 신청할 수 있는 사업주는 장애인을 고용하여 사업을 운영하고 있거나 운영하고자 하는 개인, 법인의 모든 사업주입니다. 사업장 소재 관할 한국장애인고용공단의 지역본부 또는 지사에 제출서류(https://www.kead.or.kr/edrsysdesc/cntntsPage.do?menuId=MENU0699)를 구비하여 신청하면 됩니다. 연중에 수시로 신청을 받으나, 공단의 지사별 예산 소진 시까지만 신청을 받으므로 빨리 신청하시기 바랍니다.

융자가 가능한 시설

융자 가능한 ① 작업시설이라고 함은 장애인이 근무하거나 사용하는 작업장, 작업설비, 작업장비를 의미하고, ② 편의시설은 관련 법령주2)에 따른 시설을 말하며, ③ 부대시설은 기숙사, 식당, 휴게실, 의무실, 물리치료실 등을 말합니다.

융자 한도와 금리

2023년 기준 사업주당 최대 융자 한도는 15억 원입니다(융자 1억 원당 장애인 1명을 5년간 고용해야 하고, 고용하는 인원의 25%는 중증장애인(舊 1~3급)이어야 함). 융자기간은 5년입니다(2년 거치 이후 3년 균등분할상환).

주2) 관련 법령: 「장애인 · 노인 · 임산부 등의 편의증진보장에 관한 법률 시행령 제4조」

융자 기간 동안 시설 유지 및 장애인 고용 유지가 필수입니다. 해당 융자 제도를 통해 사업주가 부담하는 금리는 은행의 대출금리에서 연 5%를 제외한 금리입니다(은행 금리 6%=공단 5%, 사업주 1%). 협력 · 융자은행은 우리, 국민, 신한, 하나, 기업, 광주, 전북, 대구, 경남, 부산, 제주은행입니다.

➲ 사업주가 부담하는 금리 예시

구분	은행 대출금리	공단 부담 이차보전금리	사업주의 실제 부담 금리
사례1	6%	5%	1%
사례2	4.5%	4.5%	0%

장애인 편의시설 및 장비 등 무상지원 제도

한국장애인고용공단은 장애인 근로자의 생산성 향상과 고용 환경의 개선을 위해 사업주에게 **장애인 편의시설, 통근용 승합차, 재택근무 장애인을 위해 무상으로 금전적 지원**을 하고 있습니다(사업주당 누적 3억 원 한도). 자세한 내용은 다음 표를 참고하되, 보다 자세한 사항은 한국장애인고용공단의 지역본부 및 지사에 문의(1588-1519)하시기 바랍니다.

➲ 지원 대상 및 지원 내용(2023년 기준)

지원 유형	지원 대상	지원 내용
편의시설 지원	장애인을 고용하여 사업을 운영하고 있거나 사업을 운영하고자 하는 **모든 사업주**	-장애인 근로자 1명당 무상 지원금 1천만 원(중증장애인 근로자 1명은 1천 5백만 원) ※ 장애인 근로자: 2년간 고용조건
통근용 승합차 지원	장애인고용법 제24조에 따른 **장애인 고용 우수 사업주** 또는 법 시행규칙 제3조 제1호 및 제2호의 **요건을 갖춘 사업주**	-장애인 근로자 **10~19명**: 최대 2천만 원 -장애인 근로자 **20명 이상**: 최대 4천만 원 ※ 장애인 근로자: **2년간** 고용, 승합차: **5년간** 통근용으로 사용
재택근무 장애인 지원	**재택근무** 형태로 **중증장애인을 신규 고용**하는 **사업주**	-장애인 근로자 1명당 최대 3백만 원 (사업주당 총 3천만 원 한도) ※ 장애인 근로자 **2년간** 고용조건

* 상기 표: 한국장애인고용공단의 2023년 사업공고(신문시안) 참조

장애인연금, 장애(아동)수당, 장애아동양육수당

장애인연금과 장애(아동)수당, 장애아동양육수당 등 정부의 장애인 복지 지원사업의 경우에는 '2023년 보건복지부 장애인복지 사업안내' 자료를 참고하거나 가까운 주민센터 복지담당자에게 문의하여 자세한 설명을 들은 다음 신청하시기 바랍니다.

(단위: 월, 원)

<table>
<tr><th>주요
사업명</th><th>지원 대상</th><th>지원 내용</th><th>비고</th></tr>
<tr>
<td>1-1.
장애인
연금
(종전 1급, 2급 및 3급 중복장애)</td>
<td>• 만 18세 이상 장애인연금법상 중증장애인

• 2023년도 소득 기준액
단독가구: 122만 원
부부가구: 195.2만 원</td>
<td>
<table>
<tr><th colspan="2">구분</th><th>계</th><th>기초</th><th>부가</th></tr>
<tr><td rowspan="2">기초(생계 · 의료 급여)</td><td>18~64세</td><td>403,180</td><td>323,180</td><td>80,000</td></tr>
<tr><td>65세 이상</td><td>403,180</td><td></td><td>403,180</td></tr>
<tr><td rowspan="2">주거 · 교육 급여 차상위</td><td>18~64세</td><td>393,180</td><td>323,180</td><td>70,000</td></tr>
<tr><td>65세 이상</td><td>70,000</td><td></td><td>70,000</td></tr>
<tr><td rowspan="2">차상위 초과</td><td>18~64세</td><td>343,180</td><td>323,180</td><td>20,000</td></tr>
<tr><td>65세 이상</td><td>40,000</td><td></td><td>40,000</td></tr>
</table>
</td>
<td>읍 · 면 · 동 주민센터에 방문 신청, 복지로 온라인 신청</td>
</tr>
<tr>
<td>1-2.
장애수당
및
장애아동
수당</td>
<td>• 장애수당
국민기초생활보장법에 의한 수급자 및 차상위계층(기준 중위소득 50% 이하)의 만 18세 이상 등록장애인 중 장애인연금법상 중증장애인에 해당하지 않는 자(종전 3~6급)

• 장애아동수당
국민기초생활보장법에 의한 수급자 및 차상위계층(기준 중위소득 50% 이하)의 만 18세 미만 장애아동
*중증장애인: 장애인연금법상 중증장애인에 해당하는 자(종전 1급, 2급 및 3급 중복장애)
*경증장애인: 장애인연금법상 중증장애인에 해당하지 않는 자(종전 3~6급)</td>
<td>• 장애수당
-기초(생계, 의료, 주거, 교육) 및 차상위: 1인당 월 6만 원
-보장시설 수급자(생계, 의료): 1인당 월 3만 원

• 장애아동수당
-기초(생계, 의료) 중증: 1인당 월 22만 원
-기초(주거, 교육), 차상위 중증: 1인당 월 17만 원
-기초(생계, 의료, 주거, 교육) 및 차상위 경증: 1인당 월 11만 원
-보장시설(생계, 의료) 중증: 1인당 월 9만 원
-보장시설(생계, 의료) 경증: 1인당 월 3만 원</td>
<td>읍 · 면 · 동 주민센터에 신청</td>
</tr>
</table>

주요 사업명	지원 대상	지원 내용	비고
1-3. 장애아동 양육수당	• 어린이집 · 유치원(특수학교 포함), 종일제 아이돌봄서비스 등을 이용하지 않는 취학 전 가정양육 영유아 -보호자가 장애아동 양육수당 지원을 신청하고, 장애인으로 등록되어 시·군·구가 장애아동 양육수당을 지원하기로 결정한 영 유아	• 연령별로 월 10~20만 원 정액 지원(취학연도 2월까지 지원) -0세~35개월: 20만 원 -36개월~86개월 미만: 10만 원	읍 · 면 · 동 주민센터에 방문 신청, 복지로 온라인 신청

* 자료: 보건복지부, 「제II권 – 2023년 장애인복지 사업안내 2」, 44면
* 장애인연금과 수당 관련 자세한 사항은 전국 읍 · 면 · 동 주민센터에 문의하시기 바랍니다.

CHAPTER

2

세금 속 장애인

소득세와 장애인

1. 장애인의 소득공제 혜택(소득세법 제50조, 제51조)

소득공제(인적공제)

법인이 아닌 종합소득(이자, 배당, 사업, 근로, 연금, 기타소득)이 있는 국내 거주자 본인과 세법상 연령 및 소득 요건에 부합하는 거주자의 배우자 · 직계존비속 · 입양자 · 형제자매 · 국민기초생활수급권자 · 위탁아동을 기본공제 대상자라고 합니다. 소득세법에서는 기본공제 대상자 1명당 연 150만 원씩을 종합소득금액에서 공제합니다.

기본공제 대상자

근로소득 연말정산을 할 때 또는 매년 5월 종합소득 과세표준을 신고할 때 국내 거주자인 장애인 본인은 연령 및 소득 요건에 관계없이 기본공제 대상자로서 연 150만 원이 종합소득금액에서 빠집니다. 만약 법적인 **배우자**가 장애인이면서 **소득 요건(해당 과세기간 소득금액 합계액이 100만 원 이하이거나 근로소득만 있는 경우 총급여액 500만 원 이하)**을 충족할 때와 **직계비속**(자녀)이 장애인일 경우에도 **연령 요건**(만 20세 이하)**에 관계없이 소득 요건만 충족**한다면 1명당 연 150만 원을 종합소득금액에서 차감합니다.

장애인 추가공제

특히, 본인을 비롯한 **기본공제 대상자가 장애인일 경우에는 기본공제와 더불어 1명당 연 200만 원까지 추가공제**를 받을 수 있습니다. 예를 들어 기본공제 대상자 중에서 장애인이 1명일 경우에는 기본공제와 추가공제를 합한 연 350만 원(150만 원+200만 원)이 종합소득금액에서 차감되며, 장애인이 2명인 경우에는 연 700만 원(150만 원×2명+200만 원×2명)이 종합소득금액에서 공제됩니다.

➲ 기본공제 대상자가 장애인일 때 인원별 기초공제 및 추가공제 시 소득세 절세액

과세표준 구간별 (과표구간 세율)	기초공제 및 추가공제: 장애인 인원별 절세액			
	1명 (350만 원 공제)	2명 (700만 원 공제)	3명 (1,050만 원 공제)	4명 (1,400만 원 공제)
1,400만 원 이하 (지방소득세 포함 6.6%)	231,000원	462,000원	693,000원	924,000원
1,400만 원 초과 ~5,000만 원 이하 (지방소득세 포함 16.5%)	577,500원	1,155,000원	1,732,500원	2,310,000원
5,000만 원 초과 ~8,800만 원 이하 (지방소득세 포함 26.4%)	924,000원	1,848,000원	2,772,000원	3,696,000원

* 2023년 소득세 과세표준 세율(세법 개정) 반영

세법상 장애인

소득세법상 장애인이란 ① 장애인복지법 기준 **등록장애인**뿐만 아니라, ②「장애아동복지지원법」에 따라 **발달재활서비스를 지원받고 있는 사람**, ③「국가유공자 등 예우 및 지원에 관한 법률」에 따른 **상이자 및 이와 유사한 사람으로 근로능력이 없는 사람**, ④ **항시 치료를 요하는 중증환자**를 말합니다(소득세법 시행령 제107조).

➲ 소득세법상 장애인의 장애인증명서

■ 소득세법 시행규칙 [별지 제38호서식] <개정 2020. 3. 13.>

장 애 인 증 명 서

1. 증명서 발급기관

① 상 호		②사업자등록번호	- -
③ 대표자(성명)			
④ 소 재 지			

2. 소득자 (또는 증명서 발급 요구자)

⑤ 성 명		⑥ 주민등록번호	-
⑦ 주 소			

3. 장애인

⑧성 명		⑨주민등록번호	-
⑩ 소득자와의 관계	의	⑪장애예상기간 (또는 장애기간)	[ ] 영구 (. . .부터) [ ] 비영구(. . .부터 . . .까지)
⑫장애내용	제 호	⑬용 도	소득공제 신청용

위 사람은 「소득세법」 제51조제1항제2호 및 같은 법 시행령 제107조제1항에 따른 장애인에 해당함(또는 소득공제 받으려는 과세기간 중에 장애인이었으나 치유가 되었음)을 증명합니다.

년 월 일

진 료 자 (서명 또는 인)

발 행 자 (서명 또는 인)

귀 하

작 성 방 법

⑪ 장애예상기간(또는 장애기간)란을 작성할 때 비영구적 장애로서 장애예상기간을 예측하기 어려운 경우에는 소득공제를 받으려는 과세기간의 말일을 장애예상기간의 종료일로 적습니다.

⑫ 장애내용란에는 다음의 해당 번호를 적습니다.

1. 「장애인복지법」에 따른 장애인 및 「장애아동 복지지원법」에 따른 장애아동 중 발달재활서비스를 지원받고 있는 사람: 1
2. 「국가유공자 등 예우 및 지원에 관한 법률」에 따른 상이자 및 이와 유사한 자로서 근로능력이 없는 자: 2
3. 그 밖에 항시 치료를 요하는 중증환자: 3

210mm×297mm[백상지80g/㎡ 또는 중질지80g/㎡]

2. 장애인의 세액공제 혜택(소득세법 제59조의4)

보장성보험료 세액공제

① 보장성보험 · 공제

세법에서 말하는 보장성보험 · 공제는 생명보험과 상해보험, 손해보험, 수협 · 신협 · 새마을금고 · 군인공제회 · 한국교직원공제회 등의 공제 중에서 **보험계약 만기 시 받는 보험금이 총납입보험료보다 적은 보험**을 말합니다.

② 보장성보험 세액공제

근로소득이 있는 거주자가 기본공제 대상자 중에서 **'장애인을 보험계약의 피보험자 또는 수익자'**로 하는 장애인 전용 보장성보험 · 공제(특약을 통해 장애인 전용 보장성보험으로 전환한 보험계약 포함, 이하 장애인 전용 보장성보험)에 보험료를 납입하는 경우 **연간 납입금액(연 100만 원 한도)의 15%(지방소득세율 포함 16.5% 세액공제)를 납부할 소득세에서 빼줍니다.** 장애인은 장애인 전용 보장성보험의 세액공제와 **비장애인도 가입할 수 있는 보장성보험의 세액공제(연간 납입금액 100만 원을 한도로 지방소득세율 포함 13.2% 세액공제)를 같이 적용**받을 수 있습니다.

➲ 장애인의 보장성보험 보험료 납부 시 세액공제액(절세액) 예시

구분	비장애인		장애인	
	보장성보험 (세액공제율 13.2%)	장애인 전용 보장성보험 (세액공제율 16.5%)	보장성보험 (세액공제율 13.2%)	장애인 전용 보장성보험 (세액공제율 16.5%)
세액공제 가능 여부	○	×	○	○
각각 연 50만 원 납입	66,000원 절세	–	66,000원 절세	82,500원 절세
각각 연 100만 원 납입	132,000원 절세	–	132,000원 절세	165,000원 절세
각각 연 150만 원 납입	132,000원 절세	–	132,000원 절세	165,000원 절세
최대 세액공제액	132,000원		297,000원	

* 장애인 전용 보장성보험 및 보장성보험의 세액공제는 보험료를 납입하는 사람이 '근로소득자'일 때만 가능

* 세액공제를 받을 수 있는 보장성보험의 최대 납입 한도: 연 100만 원

의료비 세액공제

근로소득이 있는 거주자 본인과 기본공제 대상자인 **장애인(연령 및 소득 요건을 따지지 않음)**을 위하여 의료비를 지급하는 경우 세액공제를 적용받을 수 있습니다. 다만, 근로소득이 있는 거주자 본인의 연 총급여액(1월 1일부터 12월 31일까지의 급여 합산)의 3%를 초과하는 의료비에 대해서만 적용하고, **초과하는 의료비의 15%(지방소득세율 포함 16.5%)**를 납부할 소득세에서 빼줍니다.

교육비 세액공제

① 세액공제 개요

근로소득이 있는 거주자가 거주자 본인과 기본공제 대상자(연령 요건은 따지지 않음)에게 해당 과세기간(매년 1월 1일~12월 31일까지) 동안 세법상 요건을 충족하는 교육비를 부담하는 경우 **교육비 합산액의 15%(지방소득세율 포함 16.5%)를 납부할 소득세에서 공제**합니다. 다만, 소득세 또는 증여세가 비과세되는 교육비는 제외합니다.

② 교육비에 포함되는 비용과 한도

기본공제 대상자 중에서 배우자 · 직계비속 · 형제자매 · 입양자 및 위탁아동을 위하여 지급한 교육비를 합산할 때 대학원비, 학자금 대출을 통해 지급하는 교육비는 제외합니다. 그리고 기본공제 대상자 1명당 합산할 교육비의 한도가 있습니다. 대학생인 경우에는 1명당 연 900만원이고, 취학 전 아동 · 초 · 중 · 고등학생인 경우에는 1명당 연 300만원입니다. 다만, 근로소득이 있는 거주자 본인의 대학원 비용은 세액공제가 가능하며, 직업능력개발훈련시설 수강료도 교육비 세액공제 대상이 됩니다.

③ 장애인 특수교육비

근로소득이 있는 거주자 본인 및 기본공제 대상자가 장애인일 경우 **장애인(소득 요건을 따지지 않음)을 위하여 사용한 특수교육비는 한도에 관계없이 전액 세액공제 대상 교육비에 합산**됩니다. 특수교육비는 ①

세법상 정해진 사회복지시설 및 비영리법인에 지출한 교육비, ② 만 18세 미만 장애인에게 발달재활서비스를 제공하는 서비스 기관에 지출한 교육비, ③ 외국에 있는 우리나라와 유사한 사회복지시설 또는 법인에 지출한 교육비로 한정합니다.

상속세 및 증여세법과 장애인

1. 장애인 관련 상속세 계산 시 각종 공제 (상증세법 제18조, 제20조, 제21조)

참고로 이 책에서는 상속세 및 증여세법을 축약하여 상증세법으로 기술하겠습니다.

상 속

민법상 상속이란 어떤 사람(법인이 아닌 자연인. 이하, 피상속인)이 사망한 경우 그가 가지고 있던 재산상의 권리와 의무가 다른 일정한 사람(배우자, 자녀 등. 이하, 법정상속인)에게 포괄적으로 승계되는 것을 말합니다. 그러나 상증세법상 상속은 민법상 상속을 비롯하여 유증, 사인증여, 특별연고자에 대한 상속재산의 분여, 유언대용신탁, 수익자연속신탁을 포함합니다(상증세법 제2조).

유산세 방식의 상속세

우리나라 상속세는 증여세와 달리 사망한 **피상속인의 모든 재산(유산)을 기준으로 세금을 계산하는 '유산세 방식'**입니다. 다시 말해 '유산세 방식'인 상속세는 상속재산이 상속인들에게 분배되기 전, 피상속인의 총상속재산을 가지고 세금을 계산하기 때문에 상속인들에게 분배된 이후 상속인들이 받은 각각의 재산을 기준으로 세금을 계산하는 '유산취득세 방식(증여세)'보다 일반적으로 세금이 많을 수 있습니다.

상속세 과세대상

피상속인이 **한국 거주자**인 경우에는 피상속인의 **국내외 모든 상속재산에 상속세를 부과**하고, 피상속인이 **한국 비거주자**인 경우에는 피상속인의 **국내 상속재산에 대해서만 상속세를 부과**합니다.

상속세 납부의무자

피상속인의 상속재산을 기준으로 상속세를 계산한 뒤 상속인 또는 수유자(유증을 통해 재산을 받은 수유자, 사인증여를 통해 재산을 받은 수증자, 유언대용신탁의 위탁자 사후 수익자, 수익자연속신탁의 연속수익자)는 각자가 받았거나 받을 재산의 비율로 상속세를 납부하게 됩니다. 상속인 또는 수유자가 장애인이라고 해서 예외가 될 수는 없으며, 만약 수유자 등이 영리법인일 경우에는 상속세를 납부하지 않고 법인세를 부담합니다(단, 영리법인의 주주들 중에서 피상속인의 상속인이 있을 경우 상속세 부담 가능).

➲ 상속세 세액 계산 프로세스

* 피상속인이 한국 거주자일 때에 한함

총상속재산가액	※ 본래의 상속재산(사망 또는 유증 · 사인증여로 취득한 재산) ※ 간주상속재산(보험금 · 신탁재산 · 퇴직금등) ※ 추정상속재산 - 피상속인이 사망전 1년(2년)이내에 2억(5억) 이상 처분한 재산 또는 부담한 채무로써 용도가 불분명한 금액
−	
비과세 및 과세가액 불산입액	※ 비과세 재산(국가 · 지자체에 유증한 재산, 금양임야 · 문화재 등) 과세가액 불산입재산(공익법인 등의 출연재산, 공익신탁재산)
−	
공과금 · 장례비용 · 채무	
+	
사전증여재산가액	※ 피상속인이 상속개시일 전 10년 이내에 상속인에게 증여한 재산가액 및 5년 이내에 상속인이 아닌 자에게 증여한 재산가액 (단, 증여세 특례세율 적용 대상인 창업자금 및 가업승계주식은 기간에 관계 없이 합산)
↓	
상속세 과세가액	
−	
상 속 공 제	※ (기초공제 + 그 밖의 인적공제)와 일괄공제(5억) 중 큰 금액 ※ 가업(영농)상속공제 · 배우자 상속공제 · 금융재산 상속공제 · 재해손실공제 · 동거주택 상속공제 - 단, 위 합계 중 공제적용 종합한도 내 금액만 공제 가능
−	
감정평가 수수료	※ 부동산감정평가법인의 수수료 등
↓	
상속세 과세표준	
×	
세 율	(아래 표 참조)
↓	
산 출 세 액	※ (상속세 과세표준 × 세율) − 누진공제액
+	
세대생략 할증과세액	※ 상속인이나 수유자가 피상속인의 자녀를 제외한 직계비속이면 그 해당세액에 30% 할증(단, 미성년자가 20억 초과하여 상속받는 경우 40% 할증) - 다만, 대습상속인 경우 제외
−	
세 액 공 제	※ 신고세액공제 · 증여세액공제 · 단기재상속세액공제 · 외국납부세액공제 · 문화재자료 징수유예세액
+	
신고납부불성실 가산세 등	
−	
연부연납 · 물납 · 분납	
↓	
납부할 상속세액	

과세표준	1억원 이하	5억원 이하	10억원 이하	30억원 이하	30억원 초과
세율	10%	20%	30%	40%	50%
누진 공제액	없음	1천만원	6천만원	1억6천만원	4억6천만원

기초공제

한국 거주자 및 국내에 상속재산이 있는 비거주자가 사망하는 경우에는 상속세를 계산할 때 상속세 과세가액에서 2억 원을 공제합니다.

그 밖의 인적공제

그 밖의 인적공제는 피상속인이 한국 거주자일 때만 적용하며 피상속인의 ① 자녀(태아 포함) 1명당 5천만 원, ② 배우자를 제외한 상속인과 동거가족 중 미성년자가 있는 경우에는 1명당 19세가 될 때까지 남은 연수(1년 미만은 1년으로 계산)에 1천만 원을 곱한 금액, ③ 배우자를 제외한 상속인과 동거가족 중에 65세 이상인 사람에 대해서는 1명당 5천만 원, ④ **배우자를 포함한 상속인 및 동거가족 중 장애인**이 있는 경우 통계청장이 고시하는 통계표 기준 **1명당 연령별 기대여명 연수(1년 미만은 1년으로 계산)에 1천만 원을 곱한 금액**의 합산액을 상속세 과세가액에서 빼줍니다(①, ②, ④ 중복 공제 가능).

일괄공제

일괄공제는 피상속인이 한국 거주자일 때만 적용하고 위에서 설명한 **'기초공제'와 '그 밖의 인적공제'를 합산한 금액**과 **5억 원**을 비교하여 **큰 금액을 상속세 과세가액에서 공제**합니다. 다만, 상속세 과세표준 신고를 하지 않는 경우에는 일괄적으로 5억 원을 상속세 과세가액에서 공제

하게 됩니다.

➲ 한국 거주자인 피상속인 사망 시 상속인 중 장애인이 있을 경우 공제액

구분	기초공제	그 밖의 인적공제	합산액 (①)	일괄공제 (②)	공제적용액 [max(①, ②)]
상속인: 자녀 2명 – 50세 비장애인 – 45세 비장애인	2억 원	자녀 2명: 1억 원	3억 원	5억 원	**5억 원**
상속인: 자녀 2명 – 50세 비장애인 **– 45세, 男, 장애인**	2억 원	자녀 2명: 1억 원 ***장애인: 3.7억 원**	6.7억 원	5억 원	**6.7억 원**
상속인: 자녀 2명 – 50세 비장애인 **– 45세, 女, 장애인**	2억 원	자녀 2명: 1억 원 ***장애인: 4.3억 원**	7.3억 원	5억 원	**7.3억 원**

* 장애인 3.7억 원: 남자 45세의 기대여명 36.9년(2021년 통계청 완전생명표 기준)
⇒ 37년 × 1,000만 원

* 장애인 4.3억 원: 여자 45세의 기대여명 42.6년(2021년 통계청 완전생명표 기준)
⇒ 43년 × 1,000만 원

* 상속인 중 장애인 자녀가 있을 경우: 59세 이하의 남자 자녀가 1명 이상, 64세 이하의 여자 자녀가 1명 이상 있다면 합산액(기초공제+인적공제)이 일괄공제 5억 원보다 더 큼.

구분	기초 공제	그 밖의 인적공제	합산액 (①)	일괄공제 (②)	공제 적용액 [max(①, ②)]
상속인 2명 – 배우자(여): 비장애인 – 자녀: 비장애인	2억 원	자녀 1명: 0.5억 원	2.5억 원	5억 원	**5억 원**
상속인 2명 **– 배우자(여, 70세): 장애인** – 자녀: 비장애인	2억 원	자녀 1명: 0.5억 원 ***장애인: 2억 원**	4.5억 원	5억 원	**5억 원**
상속인 3명 **– 배우자(여, 60세): 장애인** – 자녀 2명: 비장애인	2억 원	자녀 2명: 1억 원 ***장애인: 2.9억 원**	5.9억 원	5억 원	**5.9억 원**

* 장애인 2억 원: 여자 70세의 기대여명 19.2년(2021년 통계청 완전생명표 기준) ⇒ 20년 × 1,000만 원

* 장애인 2.9억 원: 여자 60세의 기대여명 28.4년(2021년 통계청 완전생명표 기준) ⇒ 29년 × 1,000만 원

* 그 밖의 인적공제에서 배우자는 대부분 제외되어 있지만 장애인 공제(기대여명 연수× 1,000만 원)는 적용 가능

2. 장애인과 증여세 혜택(상증세법 제46조)

증 여

민법상 증여(민법 제554조)란 어떤 사람이 상대방에게 재산을 무상으로 주겠다는 의사표시를 하고, 이에 상대방이 재산을 받겠다고 승낙함으로써 계약상 효력이 발생하는 것을 말합니다. 무상으로 재산을 주겠다고 의사를 표시하는 사람을 증여자라 하고, 재산을 무상으로 받게 되는 사람을 수증자라고 합니다. 다만, 증여할 때 증여자는 부채 등의 부담도

수증자에게 넘길 수 있고(부담부증여, 민법 제561조), 증여자의 사망으로 인해 증여의 효력이 발생하게 할 수도 있습니다(사인증여, 민법 제562조).

세법상 증여와 증여세

상증세법에서 증여란 거래의 명칭 · 형식 · 목적 등과 관계없이 직접 또는 간접적인 방법으로 ① 타인에게 무상으로 유형 · 무형의 재산 또는 이익을 이전하거나, ② 현저히 낮은 대가를 받고 재산을 이전하거나, ③ 타인의 재산 가치를 증가시키는 것을 증여라고 합니다. 세법상 증여에 따라 내는 세금이 바로 증여세입니다. 증여세 **납세의무는 증여재산을 받은 수증자**에게 있고, 증여세 납세의무는 증여재산을 취득한 날(이하, 증여일)에 성립합니다. 증여세 신고는 증여일이 속하는 달의 말일로부터 3개월 이내에 해야 하고, 납부할 증여세가 있다면 수증자는 증여세 자진납부서를 작성하여 증여세 신고기한까지 국고 수납은행 또는 우체국에 납부해야 합니다.

증여일

증여일이란 증여재산을 취득한 날로서 ① 부동산 · 자동차 등 등기 · 등록이 필요한 재산이라면 소유권이전 등기 · 등록 신청접수일이고, ② 주식 및 출자지분의 경우에는 주식 등의 인도일(다만, 인도일이 불분명하거나 인도 전 명의개서 시에는 명의개서일)이며, ③ 그 밖의 재산은 재산을 인도한 날 또는 사실상의 재산 사용일이 됩니다.

➲ 증여세 세금 계산 - 기본세율 적용 재산

* 수증자가 한국 거주자일 때

증여재산가액	※ 국내외 모든 증여재산으로 증여일 현재의 시가로 평가
− 비과세 및 과세가액 불산입액	※ 비과세(사회통념상 인정되는 피부양자의 생활비, 교육비 등) ※ 과세가액 불산입재산(공익목적 출연재산 등)
− 채무부담액	※ 증여재산에 담보된 채무인수액(임대보증금, 금융기관채무 등)
+ 증여재산가산액	※ 당해 증여일 전 동일인으로부터 10년 이내에 증여받은 증여재산가액의 합계액이 1천만원 이상인 경우 그 과세가액 - 증여자가 직계존속인 경우 그 배우자 포함
↓ **증여세 과세가액**	
− 증여재산공제등	※ 수증자가 **다음의 증여자**로부터 증여받는 경우 적용 (아래 표)
− 감정평가 수수료	※ 부동산감정평가법인의 수수료 등
↓ **증여세 과세표준**	
× 세 율	(아래 표)
↓ **산 출 세 액**	※ (증여세 과세표준 × 세율) - 누진공제액
+ 세대생략 할증과세액	※ 세대생략 증여시 30% 할증(단, 미성년자가 20억원을 초과하여 수증한 경우 40% 할증) - 다만, 증여자의 최근친 직계비속이 사망하여 세대생략 증여시 제외
− 세 액 공 제 등	※ 신고세액공제 · 납부세액공제 · 외국납부세액공제 · 문화재자료 징수유예세액
+ 신고납부불성실 가산세 등	
− 연부연납 · 분납	※ 물납 불가
↓ **납부할 증여세액**	

증여재산공제등:

증여자	배우자	직계존속	직계비속	기타친족*
공제 한도액	6억원	5천만원 (수증자가 미성년자인 경우 2천만원)	5천만원	1천만원

* 6촌이내 혈족 및 4촌이내 인척
- 위 증여재산공제 한도는 10년간의 누계 한도액임

세율:

과세표준	1억원 이하	5억원 이하	10억원 이하	30억원 이하	30억원 초과
공제	10%	20%	30%	40%	50%
누진 공제액	없음	1천만원	6천만원	1억6천만원	4억6천만원

보험금수익자가 장애인일 때 증여세 비과세 혜택

보험계약에 있어서 보험료납부자와 보험금수익자가 다르면 증여세가 발생할 수 있는데, **만약 보험금수익자가 장애인인 경우에는 장애인이 받는 연간 4,000만 원까지의 보험금은 증여세를 비과세**합니다(상증세법 제46조 제8호). 10년간 매년 3,000만 원의 보험금을 수령한다면 총 3억 원, 20년간 매년 3,000만 원씩 보험금을 수령한다면 총 6억 원, 30년간 매년 3,000만 원씩 보험금을 수령한다면 총 9억 원은 증여세가 과세되지 않습니다.

➲ **보험관계자별 보험금수익자의 과세 유형**

유형	실질적인 보험료납부자	보험 계약자	피보험자 (보험사고 대상자)	보험사고	보험금 수익자	상속세 · 증여세 과세 여부
1	부	부	모	모 사망	자녀	증여세
2	모	모 or 자녀	모	연금지급 개시	자녀	증여세
3	모	모	모	모 사망	자녀	상속세
4	모	자녀	모	모 사망	자녀	상속세
5	자녀	자녀	모	모 사망	자녀	과세안됨.

* 보험금 관련 상속세 및 증여세 과세 여부는 실질과세원칙에 따름.
* 자료: 신관식, 「내 재산을 물려줄 때 자산승계신탁 · 서비스」, 삼일인포마인(2022년), 158면

여기서 장애인이란 **소득세법 시행령 제107조에 따른 세법상 장애인**으로, ① **장애인복지법 기준 등록장애인**을 포함하며, ②「장애아동복지지원법」 **기준 발달재활서비스를 지원받고 있는 사람**, ③「국가유공

자 등 예우 및 지원에 관한 법률」 기준 **상이자 및 이와 유사한 사람으로 근로 능력이 없는 사람**, ④ **항시 치료를 요하는 중증환자**를 말합니다.

3. 장애인신탁을 활용한 증여세 절세(상증세법 제52조의2)

장애인신탁의 개요

상속세 및 증여세법 제52조의2, 소득세법 시행령 제107조에 따라 장애인이 타인으로부터 증여받은 금전 · 유가증권 · 부동산을 자본시장법상 신탁업자(이하, 신탁회사)에게 신탁하고 신탁에서 발생하는 이익을 수익자인 장애인 본인이 전부 지급받은 경우 **증여받은 재산가액에서 최대 5억 원을 한도로 증여세 과세가액에 산입하지 않는 신탁을 장애인신탁(자익신탁)**이라고 합니다. 2020년 1월 1일 이후부터는 타인이 신탁회사에 신탁하여 수익자를 장애인으로 하는 신탁(타익신탁)도 장애인신탁에 포함하였습니다.

➲ 일반 증여와 장애인신탁(자익신탁) 활용 시 증여세 납부세액 비교

(단위: 원)

구분 (증여금액)	증여세 납부세액		장애인신탁 증여세 절세액	비고
	일반 증여	장애인신탁 활용		
5천만 원	–	–	–	
1억 원	4,850,000	–	4,850,000	
2억 원	19,400,000	–	19,400,000	
3억 원	38,800,000	–	38,800,000	*수증자: 성년 자녀, 국내거주자
4억 원	58,200,000	–	58,200,000	
5억 원	77,600,000	–	77,600,000	*증여세 과세가액 불산입과 직계비속 증여재산공제(5천만 원) 적용
5억 5천만 원	87,300,000	–	87,300,000	
6억 원	101,850,000	4,850,000	97,000,000	*10년 이내 기증여 없음.
7억 원	130,950,000	19,400,000	111,550,000	
8억 원	160,050,000	38,800,000	121,250,000	*신고세액 공제만 적용
9억 원	189,150,000	58,200,000	130,950,000	
10억 원	218,250,000	77,600,000	140,650,000	
10억 5천만 원	232,800,000	87,300,000	145,500,000	

장애인의 범위

여기서 장애인이란 **소득세법 시행령 제107조에 따른 세법상 장애인**으로, ① 장애인복지법 기준 **등록장애인**을 포함하여, ②「장애아동복지지원법」 기준 **발달재활서비스를 지원받고 있는 사람**, ③「국가유공자 등 예우 및 지원에 관한 법률」 기준 **상이자 및 이와 유사한 사람으로 근로능력이 없는 사람**, ④ **항시 치료를 요하는 중증환자**를 말합니다.

장애인신탁 중에서 자익신탁의 요건

증여자로부터 금전, 유가증권, 부동산을 증여받은 장애인이 위탁자가 되어 신탁회사에게 증여받은 재산을 신탁하고 장애인 본인을 수익자로 하는 신탁을 말하는데, ① 「자본시장법」에 따른 신탁회사에게 재산을 신탁해야 하고, ② 신탁에서 발생되는 이익의 전부를 수익자인 장애인이 받아야 하며, ③ 신탁기간이 장애인이 사망할 때까지로 되어 있거나 장애인이 사망하기 전에 신탁기간이 끝나는 경우에는 신탁기간을 장애인이 사망할 때까지 계속 연장하는 조건을 모두 충족해야 합니다.

➲ 장애인신탁(자익신탁) 구조도

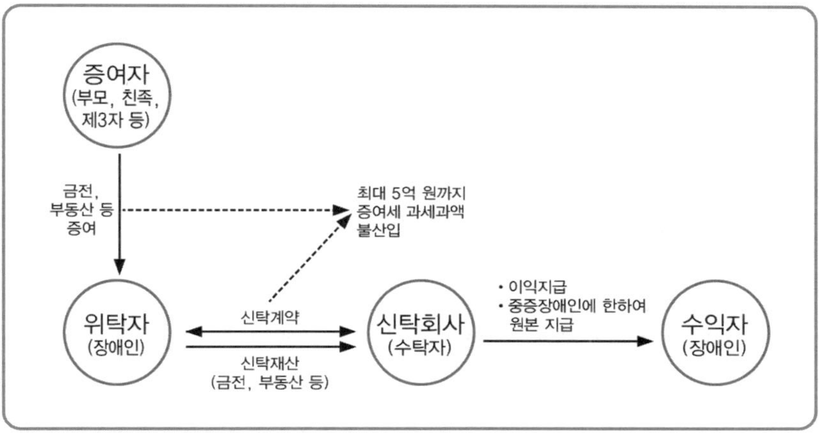

* 상기 구조도: 신관식, 「내 재산을 물려줄 때 자산승계신탁 · 서비스」, 삼일인포마인(2022년), 72면

장애인신탁 중에서 타익신탁의 요건

타인이 위탁자로서 신탁회사에게 본인 재산을 신탁하고 수익자를 장애인으로 하는 신탁을 말하는데, ①「자본시장법」에 따른 신탁회사에게 재산을 신탁해야 하고, ② 신탁에서 발생되는 이익의 전부를 수익자인 장애인이 받아야 하며(단, 장애인이 사망한 후의 잔여재산에 대해서는 그렇지 않음), ③ 수익자인 장애인이 사망하기 전에 신탁이 해지 또는 만료되는 경우에는 잔여재산이 그 장애인에게 귀속되어야 하고, ④ 수익자인 장애인이 사망하기 전까지는 수익자를 변경할 수 없으며, ⑤ 장애인이 사망하기 전에 위탁자가 사망하는 경우에는 위탁자의 지위가 그 장애인에게 이전되는 요건을 모두 충족해야 합니다.

➲ 장애인신탁(타익신탁) 구조도

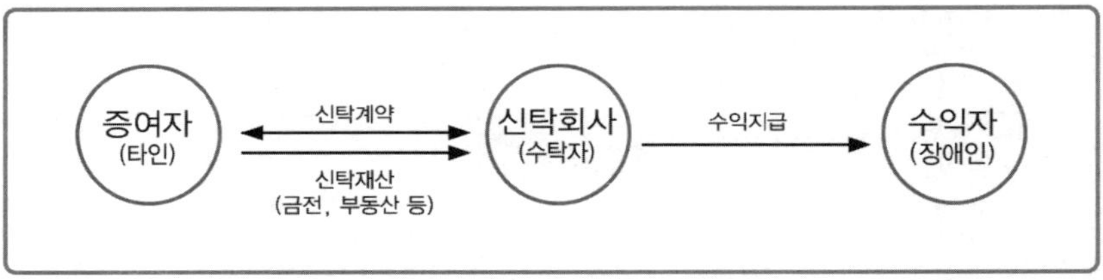

* 상기 구조도: 신관식, 「사례와 함께하는 자산승계신탁 · 서비스」, 삼일인포마인(2022년), 58면

증여세 과세가액 불산입액과 신고 요건

자익신탁에서 장애인이 살아있는 동안 증여받은 재산가액을 합친 금액과 타익신탁에서 설정 당시 원본가액을 합산한 금액에서 **최대 5억**

원을 한도로 증여세 과세가액에서 차감(불산입)합니다. 다만, 이 혜택을 누리려면 **증여세 신고기한(자익신탁의 경우: 증여일이 속한 달의 말일로부터 3개월 이내) 이내**에 관할 세무서장에게 신고해야 합니다. 이때 제출할 서류로는 ① 증여세 과세표준 신고서, ② 증여재산명세서 및 증여계약서 사본, ③ 신탁계약서, ④ 장애인증명서가 있습니다.

증여세 즉시 부과 사유와 부과 배제 사유

장애인신탁을 유지, 해지, 만료하는 상황에서 '증여세 즉시 부과 사유'에 해당될 때는 해당 재산가액을 증여받은 것으로 보아 즉시 증여세를 부과하지만 부과 배제 사유도 있으므로, 다음 표를 참고하시기 바랍니다.

➲ 증여세 부과 사유와 부과 배제 사유

구분	증여세 즉시 부과 사유	부과 배제 사유
①	신탁을 해지하거나 신탁기간이 만료된 경우로서 이를 연장하지 아니한 경우	• 해지일, 만료일: 해당일로부터 1개월 이내 신탁에 재가입 시 예 2017년부터 다른 종류의 신탁 재가입 허용(금전 ⇄ 부동산) • 법령, 감독기관의 지시 및 명령에 의거하여 영업정지, 영업폐쇄, 허가취소 등의 사유로 해지: 해지일로부터 2개월 이내에 신탁에 재가입 시 • 재개발, 재건축, 소규모 재건축사업에 따른 사유로 해지: 건축완료일(준공인가일)로부터 2개월 이내 재가입 시

구분	증여세 즉시 부과 사유	부과 배제 사유
②	신탁기간 중에 수익자를 변경하거나 증여재산가액(신탁가액 원본 · 원금)이 감소하는 경우	• 신탁업자(신탁회사)가 재산을 운용하는 중에 재산가액이 감소하는 경우 • 중증장애인* 본인을 위한 의료비, 간병비, 특수목적교육비, 월 150만 원 이하의 생활비로 원본 · 원금이 인출되는 경우
③	신탁의 이익이 전부 또는 일부가 장애인 이외의 자에게 귀속되는 것으로 확인된 경우	

* 여기서 '중증장애인'이란
  ① 장애인복지법과 장애인고용촉진 및 직업재활법상 등록장애인 중 중증장애인(舊 1~3급)
  ② 5 · 18민주화운동 관련 보상 등에 관한 법률 기준 장해등급 3등급 이상으로 지정된 사람
  ③ 관련 법에 따라 고엽제후유의증환자로서 경도 장애 이상의 장애등급 판정을 받은 사람
* 신탁에서 발생하는 이익(Income): 중증장애인이든 경증장애인이든 모두 인출 가능

장애인신탁의 원본(원금) 인출

2017년 말까지 장애인신탁은 신탁재산에서 발생하는 이익(예 이자, 배당금, 임대료 등)만을 장애인이 쓸 수 있었고, 원본(원금) 인출을 엄격히 제한해 왔습니다. 그러나 저금리, 저성장 시대에 신탁제약에서 발생하는 이익만을 가지고는 장애인이 기본적인 삶을 영위하기 힘든 것이 현실입니다. 이에 따라 2018년, 2020년 두 번의 세법 개정을 거쳐 현재는 '세법상 중증장애인'에 한하여 장애인 본인의 ① 의료비, ② 간병비, ③ 특수목적교육비, ④ 월 생활비 150만 원 이하 금액의 원본 인출을 허용하고 있습니다(경증장애인은 여전히 원본 인출 불가).

세법상 중증장애인

세법상 중증장애인이란 ① 장애인복지법과 장애인고용촉진 및 직업재활법상 **등록장애인 중 중증장애인**(舊 1~3급), ② **5·18민주화운동** 관련 보상 등에 관한 법률 기준 **장해등급 3등급 이상으로 지정된 사람**, ③ 관련법에 따라 **고엽제후유의증환자로서 경도 장애 이상의 장애 등급 판정을 받은 사람** 중 어느 하나에 해당하는 사람을 말합니다.

➲ **장애인신탁의 원본과 이익 인출**

구분	원본 인출(원금 인출)			이익 인출 (이자 인출)
	항목 구분	인출 가능 여부 (언제부터)	한도 금액	
중증장애인 (舊 1~3급)	의료비, 간병비, 특수목적교육비	○ (2018년부터)	증빙서류로 입증되는 금액 한도 내	○
	월 생활비 150만 원 이하	○ (2020년 2월부터)	월 150만 원 이하	
	이외 원금 인출	×		
경증장애인 (舊 4~6급)	×			○

* 자료: 신관식, 「내 재산을 물려줄 때 자산승계신탁 · 서비스」, 삼일인포마인(2022년), 73면

기타 유의 사항

장애인신탁을 가입한다고 하더라도 타인으로부터 재산을 증여받은 장애인은 취득세, 재산세, 소득세 등을 부담할 수 있습니다. 게다가 국민기초생활보장수급권, 장애인연금 등 수급권을 판정할 때 신탁된 재산을

포함하여 증여받은 재산은 소득인정액 계산 시 포함됩니다. 즉, 장애인 신탁을 할 경우에도 ① 국민기초생활보장수급자 또는 차상위계층에서 제외되어 국가 등으로부터 지급받는 급여 · 보조금이 없어지거나 줄어들 수 있고, ② 중증장애인이 받게 되는 장애인연금이 없어지거나 줄어들 수도 있으며, ③ 국민건강보험료 피부양자에서 제외되어 지역가입자로 전환되거나 건강보험료 등을 추가로 납부할 수도 있고, ④ 근로장려금 신청자격 기준 등에서 탈락할 수도 있습니다.

➲ 장애인이 증여받은 재산 금액별 '국민기초생활보장급여 수급' 여부 예시

구분		1억 원	2억 원	3억 원	4억 원	5억 원
금융재산(현금)	소득인정액	163만 원	789만 원	1,415만 원	2,041만 원	2,667만 원
	의료급여 소득인정액	257만 원	883만 원	1,509만 원	2,135만 원	2,761만 원
	모의 결과(예상값)	의료/주거/교육급여 지원대상 아님.	의료/주거/교육급여 지원대상 아님.	의료/주거/교육급여 지원대상 아님.	의료/주거/교육급여 지원대상 아님.	의료/주거/교육급여 지원대상 아님.
일반재산(주거용 주택)	소득인정액	32만 원	387만 원	804만 원	1,221만 원	1,638만 원
	의료급여 소득인정액	48만 원	465만 원	882만 원	1,299만 원	1,716만 원
	모의 결과(예상값)	생계/의료/주거/교육급여 수급대상자로 선정 가능	의료/주거/교육급여 지원대상 아님.	의료/주거/교육급여 지원대상 아님.	의료/주거/교육급여 지원대상 아님.	의료/주거/교육급여 지원대상 아님.

* 일반재산: 시가표준액(개별공시지가, 공시가격) 기준

* 복지로 사이트(https://www.bokjiro.go.kr/ssis-teu/twatbz/mkclAsis/mkclinsertNblgPage.do): 복지서비스 모의계산 참조(2022년 3월 기준으로 정확한 사항은 읍 · 면 · 동 주민센터 방문 및 상담 필요)

* 기본가정: 1인 가구, 대도시 거주, 장애 정도가 심한 장애인(중증장애인), 65세 미만, 한부모 가정 아님, 시설입소 아님, 부채 없음, 소득 없음, 월평균의료비 지출액 50만 원, 차량 없음, 부양의무자 없음 가정

* 자료: 신관식, 「사례와 함께하는 자산승계신탁 · 서비스」, 삼일인포마인(2022년), 73면

➲ 장애인이 증여받은 재산 금액별 '장애인연금 수급' 여부 예시

구분		1억 원	2억 원	3억 원	4억 원	5억 원
금융재산 (현금)	소득인정액	27만 원	60만 원	93만 원	127만 원	160만 원
	단독가구 소득인정액 기준	122만 원	122만 원	122만 원	122만 원	122만 원
	모의 결과 (예상값)	장애인연금 수급 가능	장애인연금 수급 가능	장애인연금 수급 가능	지원대상 아님.	지원대상 아님.
일반재산 (주거용 주택)	소득인정액	0	22만 원	55만 원	88만 원	122만 원
	단독가구 소득인정액 기준	122만 원	122만 원	122만 원	122만 원	122만 원
	모의 결과 (예상값)	장애인연금 수급 가능	장애인연금 수급 가능	장애인연금 수급 가능	장애인연금 수급 가능	장애인연금 수급 가능 (단, 시가표준액 인상 시 제외 가능성도 높음)

* 일반재산: 시가표준액(개별공시지가, 공시가격) 기준
* 복지로 사이트(https://www.bokjiro.go.kr/ssis-teu/twatbz/mkclAsis/mkclinsertNblgPage.do): 복지서비스 모의계산 참조(2022년 3월 기준으로 정확한 사항은 읍 · 면 · 동 주민센터 방문 및 상담 필요)
* 기본가정: 단독가구, 대도시 거주, 장애 정도가 심한 장애인(중증장애인), 65세 미만, 한부모 가정 아님, 시설입소 아님, 부채 없음, 소득 없음, 차량 없음 가정
* 자료: 신관식, 「사례와 함께하는 자산승계신탁 · 서비스」, 삼일인포마인(2022년), 73면

중증장애인의 자동차 구입과 세금 감면

1. 세법상 중증장애인 구입 차량 개별소비세 조건부면세

개 요

개별소비세법 제18조(조건부면세)와 동법 시행령 제19조의3과 제31조에 따라 **개별소비세법상 중증장애인이 구입하는 1대의 승용자동차**에 대해서 개별소비세(장애인을 위한 특수장비 설치비용을 과세표준에서 제외하여 산출한 가액)를 **500만 원까지 면제**합니다.

개별소비세법상 중증장애인(개별소비세법 시행령 제31조)

여기서 중증장애인은 ① **장애인복지법 기준 등록장애인 중에서 중증장애인**(舊 1~3급)을 포함하여 ②「국가유공자 등 예우 및 지원에 관한 법률」에 따른 **국가유공자 중 장애인**, ③「5 · 18민주유공자 예우 및 단체설립에 관한 법률」에 따른 **등록된 5 · 18민주화운동부상자**, ④「고엽제후유의증 등 환자지원 및 단체 설립에 관한 법률」에 따른 **고엽제후유의증환자로서 경도 장애 이상의 장애등급 판정을 받은 사람** 중 어느 하나에 해당하는 사람을 말합니다.

차량 대상

개별소비세법상 중증장애인이 개별소비세 조건부면세 혜택을 받기 위해서는 승용자동차를 구입해야 합니다. 자동차관리법에 따라 승용자동차 중에서 경형승용자동차(소위, 경차)는 장애인이 구입하든 비장애인이 구입하든 개별소비세가 발생하지 않습니다. 경형승용자동차를 제외한 승용자동차란 **자동차관리법 제3조에 따라 직접 영업에 사용하지 않는 자동차로 정원 10인 이하의 사람 수송만을 목적으로 제작된 차량**을 의미합니다. 단, 개별소비세법상 중증장애인 기준 1인당 1대만 개별소비세 조건부면세 혜택을 받을 수 있습니다.

조건부면세 혜택을 받기 위한 자동차 명의 등록과 주의 사항

개별소비세 조건부면세를 적용받기 위해서는 ① 개별소비세법상 **중증장애인 본인 명의**로 구입하거나 또는 ② 그 장애인과 주민등록표, 외국인등록표 또는 국내거소신고원부에 의하여 **세대를 함께 하는 것이 확인**되는 **배우자, 직계존비속, 형제자매 또는 직계비속의 배우자**와 **공동명의로 구입**해야 합니다.

주의할 점은 조건부면세를 적용받은 승용자동차를 5년 이내에 타인에게 양도하는 경우 잔존연도분에 해당하는 개별소비세를 관할 세무서장에게 신고(납부)해야 합니다.

교육세도 면제

원래 차량가격의 5%가 개별소비세로 부과되고, 개별소비세의 30%를 교육세로 부과합니다. 그러나 개별소비세법상 장애인이 승용자동차를 사서 조건부면세 혜택을 받을 경우에 교육세도 똑같이 면세를 적용받습니다. 예를 들어 4,000만 원인 승용자동차를 비장애인이 샀을 경우 개별소비세 200만 원에 교육세 60만 원이 부과되지만, 장애인의 경우에는 500만 원까지 면세이기 때문에 부담하는 개별소비세와 교육세는 없습니다.

2. 구입 차량 취득세 및 자동차세 감면

장애인복지법 기준 **등록장애인 중에서 중증장애인(舊 1~3급)**이 보철용 · 생업활동용으로 사용하기 위하여 취등록하는 일정 요건의 자동차(1대)에 대해서는 **취득세 및 자동차세**를 2024년 12월 31일까지 **면제**합니다(지방세특례제한법 제17조).

일정 요건의 자동차란

취득세 및 자동차세를 면제받기 위한 자동차는 ① **배기량 2,000cc 이하의 승용자동차**, ② 자동차관리법에 따른 승용자동차로서 **승차 정원 7명 이상 10명 이하인 승용자동차**(구조를 변경한 승용자동차의 승차 정원은 구조변경 전의 승차 정원을 기준으로 함), ③ **승차 정원 15명 이하인 승합자동차,**

④ **최대적재량 1톤 이하인 화물자동차**, ⑤ **배기량 250cc 이하인 이륜자동차** 중에서 하나이어야 합니다. 그리고 딱 1대만 가능합니다.

자동차 등록 유의 사항

중증장애인이 취득세 및 자동차세를 면제받기 위해서는 ① **중증장애인 본인 명의로 자동차를 등록**하거나, ② 중증장애인과 동일한 세대별 **주민등록표에 기재되어 있고, 가족관계등록부상 가족(장애인의 배우자 · 직계혈족 · 형제자매, 장애인의 직계혈족의 배우자, 장애인 배우자의 직계혈족 · 형제자매)과 공동명의로 자동차를 등록**해야 합니다.

기 타

어떤 지방자치단체는 장애인용 차량에 대해서 **'도시철도채권, 지역개발공채 구입의무를 면제'** 하는 경우가 있으니, 각 시 · 군 · 구청의 차량등록부서에 문의하여 신청하시기 바랍니다.

추가 안내

➲ 자동차관리법 시행규칙(별표1) 기준 자동차의 종류

종류	경형		소형	중형	대형
	초소형	일반형			
승용 자동차	배기량이 250cc (전기자동차의 경우 최고 정격출력이 15kw) 이하이고, 길이 3.6m · 너비 1.5m · 높이 2.0m 이하인 것	배기량이 1,000cc 미만이고, 길이3.6m · 너비1.6m · 높이2.0m 이하인 것	배기량이 1,600cc 미만이고, 길이 4.7m · 너비 1.7m · 높이 2.0m 이하인 것	배기량이 1,600cc 이상 2,000cc 미만이거나, 길이 · 너비 · 높이 중 어느 하나라도 소형을 초과하는 것	배기량이 2,000cc 이상이거나, 길이 · 너비 · 높이 모두 소형을 초과하는 것
승합 자동차	배기량이 1,000cc 미만이고, 길이 3.6m · 너비 1.6m · 높이 2.0m 이하인 것		승차정원이 15인 이하이고, 길이 4.7m · 너비 1.7m · 높이 2.0m 이하인 것	승차정원이 16인 이상 35인 이하이거나, 길이 · 너비 · 높이 중 어느 하나라도 소형을 초과하고, 길이가 9m 미만인 것	승차정원이 36인 이상이거나, 길이 · 너비 · 높이 모두 소형을 초과하고, 길이가 9m 이상인 것
화물 자동차	배기량이 250cc (전기자동차의 경우 최고 정격출력이 15kw) 이하이고, 길이 3.6m · 너비 1.5m · 높이 2.0m 이하인 것	배기량이 1,000cc 미만이고, 길이 3.6m · 너비1.6m · 높이 2.0m 이하인 것	최대적재량이 1t 이하이고, 총중량이 3.5t 이하인 것	최대적재량이 1t 초과 5t 미만이거나, 총중량이 3.5t 초과 10t 미만인 것	최대적재량이 5t 이상이거나, 총 중량이 10t 이상인 것

종류	경형		소형	중형	대형
	초소형	일반형			
특수 자동차	배기량이 1,000cc 미만이고, 길이 3.6m · 너비 1.6m · 높이 2.0m 이하인 것		총중량이 3.5t 이하인 것	총중량이 3.5t 초과 10t 미만인 것	총중량이 10t 이상인 것
이륜 자동차	배기량이 50cc 미만(최고 정격 출력 4kw 이하)인 것		배기량이 100cc 이하(최고 정격 출력11kw 이하)인 것	배기량이 100cc 초과 260cc 이하(최고 정격 출력 11kw 초과 15kw 이하)인 것	배기량이 260cc(최고 정격출력 15kw)를 초과 하는 것

조세특례제한법과 장애인

1. 중소기업 취업자에 대한 소득세 감면(조세특례제한법 제30조)

개 요

청년(15세 이상 34세 이하인 사람), 60세 이상인 사람, **세법상 장애인**이 중소기업기본법(제2조, 비영리기업 포함)에 따른 **중소기업**에 2023년 말까지 **취업**하는 경우 취업일로부터 **일정 기간까지 소득세를 감면**합니다.

세법상 장애인(조세특례제한법 시행령 제27조)

여기서 장애인은 ① **장애인복지법 기준 등록장애인을 포함**하여 ② 「국가유공자 등 예우 및 지원에 관한 법률」에 따른 상이자, ③ 「5 · 18민주유공자 예우 및 단체 설립에 관한 법률」에 따른 5 · 18민주화운동부상자, ④ 「고엽제후유의증 등 환자지원 및 단체 설립에 관한 법률」에 따른 고엽제후유의증환자로서 장애등급 판정을 받은 사람 중 어느 하나에 해당하는 사람을 말합니다.

소득세 감면과 감면 절차

청년의 경우에는 중소기업으로부터 받는 근로소득에 대해 소득세 90%를 감면해주고, 60세 이상의 사람과 **세법상 장애인**의 경우에는 중소기업으로부터 받는 **근로소득에 대해 소득세 70%를 감면**해 줍니다. 단, **감면세액의 한도**는 과세기간(1월 1일~12월 31일)별로 **200만 원을 한도**로 합니다. 해당 세액감면을 받고자 하는 세법상 장애인은 근로소득 원천징수의무자인 회사한테 소득세 감면신청을 하면 되지만, 만약 퇴직한 경우라면 주소지 관할 세무서장에게 감면신청을 하면 됩니다.

➲ 중소기업 취업자에 대한 소득세 감면세액 계산식

감면세액 = A × (B / C) × (D / E) × F

A: 「소득세법」 제55조 제1항에 따른 종합소득산출세액
B: 「소득세법」 제20조 제2항에 따른 근로소득금액
C: 「소득세법」 제14조 제2항에 따른 종합소득금액
D: 법 제30조 제1항에 따른 중소기업으로부터 받는 총급여액
E: 해당 근로자의 총급여액
F: 법 제30조 제1항의 감면율(세법상 장애인 70%, 청년 90%)

***단, 1과세기간(1월 1일~12월 31일)별 감면세액의 최대 한도: 200만 원**

➲ 중소기업에 취업한 장애인의 소득세 감면 · 절세액

(단위: 원)

구분	연봉 2,000만 원		연봉 3,000만 원	
	중소기업 외	중소기업	중소기업 외	중소기업
근로소득세(연)	97,680	29,280	349,920	104,880
지방소득세(연)	9,720	2,880	34,920	10,440
세액 합계(연)	107,400	32,160	384,840	115,320
절세액(연)	–	**75,240**	–	**269,520**

* 가정: 장애인 본인 1명만 기본공제 대상자(인적공제의 추가공제 미적용), 월 20만 원(연 240만 원)만 비과세 적용

(단위: 원)

구분	연봉 4,000만 원		연봉 5,000만 원	
	중소기업 외	중소기업	중소기업 외	중소기업
근로소득세(연)	1,015,440	304,560	2,287,440	686,160
지방소득세(연)	101,520	30,360	228,720	68,520
세액 합계(연)	1,015,440	334,920	2,516,160	754,680
절세액(연)	–	**782,040**	–	**1,761,480**

* 가정: 장애인 본인 1명만 기본공제 대상자(인적공제의 추가공제 미적용), 월 20만 원(연 240만 원)만 비과세 적용

2. 비과세종합저축(계좌) 과세특례(조세특례제한법 제88조의2)

개 요

65세 이상 한국 거주자, **장애인복지법 기준 등록장애인** 등이 조특법 제88조의2에 해당하는 저축에 저축원금 **1인당 5,000만 원을 한도**로 2025년 말까지 가입하는 경우 **여기서 발생하는 이자소득과 배당소득을 비과세**하는데 이를 **비과세종합저축(계좌)**이라고 합니다. 기존의 세금우대종합저축과 생계형저축을 통합하여 2015년부터 실시한 제도입니다.

비과세종합저축(계좌)에 가입할 수 있는 사람

비과세종합저축(계좌)은 누구나 가입할 수 없습니다. ① **장애인복지법 기준 등록장애인**을 포함하여 ② 65세 이상의 한국 거주자, ③「독립유공자 예우에 관한 법률」 제6조에 따라 등록한 독립유공자와 그 유족 또는 가족, ④「국가유공자 등 예우 및 지원에 관한 법률」 제6조에 따라 등록한 상이자(傷痍者), ⑤ 국민기초생활수급자, ⑥「5 · 18민주유공자 예우 및 단체 설립에 관한 법률」에 따른 5 · 18민주화운동부상자, ⑦「고엽제후유의증 등 환자지원 및 단체 설립에 관한 법률」에 따른 고엽제후유의증환자 중 어느 하나에 해당하는 사람이 비과세종합저축(계좌)에 가입할 수 있습니다.

유의 사항과 절세금액

현행 조세특례제한법 기준으로 2025년 12월 31일까지 가입해야 이자소득과 배당소득에 대한 비과세 혜택을 받을 수 있습니다. 그리고 1인당 저축원금이 5,000만 원이기는 하지만, 기존의 세금우대종합저축 등에 납입한 금액이 있다면 이를 차감한 금액을 저축 한도로 합니다. 또한 비과세종합저축(계좌)을 통해 원금 손실이 발생할 수 있는 금융상품에 투자하는 경우 원금 손실이 발생한다고 하더라도 손실된 금액만큼 저축 한도가 늘어나는 것은 아닙니다.

비과세종합저축(계좌)에 가입하게 되면 발생한 이자소득과 배당소득을 비과세하는데, **일반저축과 비교**하여 같은 소득이 발생한다고 가정하면 **일반적으로 지방소득세 포함 소득의 15.4%를 절세**할 수 있습니다. 뿐만 아니라 연간 이자소득과 배당소득을 합해 2,000만 원을 초과하는 **금융소득 종합과세 대상자와 비교하면 더 큰 금액을 절세**할 수 있습니다.

➲ 일반저축과 비과세종합저축(계좌)에서 금융소득 발생 시 세금 차이 시뮬레이션

구분 (일반, 금융소득 종합과세 해당자)			일반저축과 비과세종합저축에서 발생하는 금융소득(이자+배당소득)별 세금 차이			
			연 250만 원 소득발생 시 세금	연 500만 원 소득발생 시 세금	연 700만 원 소득발생 시 세금	연 1,000만 원 소득발생 시 세금
일반		과세표준 구간에 관계없이 (지방소득세 포함 15.4%)	일반저축 385,000원 비과세종합저축 0원	일반저축 770,000원 비과세종합저축 0원	일반저축 1,155,000원 비과세종합저축 0원	일반저축 1,540,000원 비과세종합저축 0원
금융소득 종합과세 해당자*	과세표준 구간별	1,400만 원 초과 ~5,000만 원 이하 (지방소득세 포함 16.5%)	일반저축 412,500원 비과세종합저축 0원	일반저축 825,000원 비과세종합저축 0원	일반저축 1,237,500원 비과세종합저축 0원	일반저축 1,650,000원 비과세종합저축 0원
		5,000만 원 초과 ~8,800만 원 이하 (지방소득세 포함 26.4%)	일반저축 660,000원 비과세종합저축 0원	일반저축 1,320,000원 비과세종합저축 0원	일반저축 1,980,000원 비과세종합저축 0원	일반저축 2,640,000원 비과세종합저축 0원
		8,800만 원 초과 ~1억 5천만 원 이하 (지방소득세 포함 38.5%)	일반저축 962,500원 비과세종합저축 0원	일반저축 1,925,000원 비과세종합저축 0원	일반저축 2,887,500원 비과세종합저축 0원	일반저축 3,850,000원 비과세종합저축 0원

* 2023년 소득세 과세표준 구간별 세율(세법 개정) 반영

* 금융소득 종합과세 해당자: 일반저축과 비과세종합저축에서 발생하는 소득 외에 연간 2,000만 원의 금융소득이 발생한다고 가정, 거주자별 소득공제 금액 등에 따라 금융소득 종합과세 해당자의 세금은 달라질 수 있음.

3. 근로장려금(조세특례제한법 제100조의2)

개 요

소득과 재산이 일정 금액 미만인 근로자, 종교인, 사업자(전문직 제외) 가구에 대해 가구원의 구성과 총급여액(부부 합산)에 따라 차등적인 장려금을 지원하는 복지제도를 근로장려세제, 즉 **근로장려금**(EITC)이라고 합니다.

근로장려금을 신청할 수 있는 사람과 신청할 수 없는 사람

근로장려금을 신청하려면 ① **근로소득, 사업소득, 종교인소득 중 어느 하나에 해당하는 소득이 있는 한국 거주자**로서 ② **가구 요건**, ③ **소득 요건**(부부 합산), ④ **재산 요건**(가구원 합산)을 모두 만족해야 합니다. 그럼에도 불구하고 한국 국적이 아니거나, 한국 거주자 신청인의 부양자녀이거나, 배우자를 포함하여 변호사 · 변리사 · 의사 · 회계사 · 세무사 등 전문직 사업을 영위하거나, 월 평균 소득이 500만 원 이상인 사람은 신청할 수 없습니다.

가구 요건

2022년 말(전년도 말) 현재 가구원의 구성과 소득 유무에 따라 근로장려금 신청 여부가 결정됩니다. 만약, 가구 내 2명 이상의 거주자가 신청할 경우에는 1인에게만 근로장려금이 지급됩니다.

➲ 가구 유형 및 요건

단독가구	배우자*와 부양자녀,* 70세 이상 직계존속*이 모두 없는 가구
홑벌이가구	배우자 또는 부양자녀 또는 70세 이상 직계존속이 있는 가구 (배우자가 있는 경우에는 **신청인 또는 배우자의 총급여액 등이 3백만 원 미만**)
맞벌이가구	**신청인과 배우자 각각의 총급여액 등*이 3백만 원 이상**인 가구

① 배우자: 법률상 배우자(사실혼 제외)

② 부양자녀: 18세 미만으로서 비과세 · 분리과세 소득을 제외한 연간 소득금액이 100만 원 이하인 부양자녀

③ 직계존속: 70세 이상으로서 비과세 · 분리과세 소득을 제외한 연간 소득금액이 100만 원 이하이며, 주민등록표상 동거 및 생계를 같이 하는 직계존속

④ 부양자녀 및 직계존속: 동일 주소에 거주(질병 등 일시퇴거 포함) **중증장애인은 연령 제한 없음.**

⑤ 총급여액 등: 근로소득(총급여액), 사업소득(총수입금액×업종별 조정률), 종교인소득(총수입금액)의 합계액

부부합산 소득 요건

2023년 기준 부부합산 연간 총소득*이 다음 표의 **기준금액 미만**일 때만 근로장려금 신청이 가능합니다.

➲ 총소득* 기준금액

구분	단독가구	홑벌이가구	맞벌이가구
근로장려금 신청 총소득 기준금액	2,200만 원 미만	3,200만 원 미만	3,800만 원 미만

* 2023년 총소득 기준금액이므로 향후 변동될 수 있으며, **상기 금액 미만일 때만 근로장려금 신청 가능**

* 총소득: 근로소득(총급여액), 사업소득(총수입금액×업종별 조정률), 종교인소득(총수입 금액), 기타소득(총수입금액−필요경비), 이자 · 배당 · 연금소득(총수입금액)을 합한 금액으로 **비과세소득 · 퇴직소득 · 양도소득은 제외**

가구 유형에 따른 근로장려금 지급 한도

신청자격을 갖춘 신청인이 근로장려금을 신청할 경우 신청일 기준 전년도 부부합산 총급여액 등을 기준으로, 심사결과와 다음 표의 계산식에 의해 근로장려금이 지급됩니다.

➲ 가구 유형 및 총급여액별 근로장려금(계산기준) 및 지급 구조

가구원 구성	목별	총급여액 등	근로장려금
단독 가구	가	400만 원 미만	총급여액 등×400분의 165
	나	**400만 원 이상~ 900만 원 미만**	**최대 165만 원**
	다	900만 원 이상~ 2,200만 원 미만	165만 원−(총급여액 등−900만 원) ×1천 300분의 165
홑벌이 가구	가	700만 원 미만	총급여액 등×700분의 285
	나	**700만 원 이상~ 1,400만 원 미만**	**최대 285만 원**
	다	1,400만 원 이상~ 3,200만 원 미만	285만 원−(총급여액 등−1,400만 원) ×1천 800분의 285

가구원 구성	목별	총급여액 등	근로장려금
맞벌이 가구	가	800만 원 미만	총급여액 등×800분의 330
	나	**800만 원 이상~ 1,700만 원 미만**	**최대 330만 원**
	다	1,700만 원 이상~ 3,800만 원 미만	330만 원-(총급여액 등-1,700만 원) ×2천 100분의 330

근로장려금 신청 기간과 신청방법

근로장려금은 반기별 또는 1년 단위로 신청할 수 있는데 2023년의 경우에는 다음의 표에 따라 정해진 기간 내에 신청을 받았습니다. 신청자 및 배우자가 소득세 확정신고 의무(종합소득 과세표준 신고: 매년 5월 1일~5월 31일)가 있는 사람은 확정신고 이후 근로장려금 신청이 가능합니다.

근로장려금 신청방법은 신청안내문을 받았을 때와 받지 못했을 때로 구분할 수 있는데, 안내문을 받은 사람은 ARS 전화, 모바일홈택스(앱), 홈택스(인터넷), 장려금 전용 상담센터(1566-3636)를 통해 신청할 수 있고, 안내문을 받지 못한 사람은 모바일홈택스(앱), 홈택스(인터넷) 또는 가까운 세무서에 찾아가 서면신청하거나 신청서식 등을 다운받아 우편으로 접수하면 됩니다.

➲ 근로장려금 신청 기간(2023년 예시)

구분	신청 기간
'22년 귀속 하반기분	2023년 3월 1일~ 3월 15일까지
'22년 귀속 정기분	2023년 5월 1일~ 5월 31일까지
'22년 귀속 기한 후 신청	2023년 6월 1일~11월 30일까지
'23년 귀속 상반기분	2023년 9월 1일~ 9월 15일까지

➲ 근로장려금 신청 서식(예시)

■ 조세특례제한법 시행규칙 [별지 제64호의2서식] <개정 2023. 3. 20.>

(5쪽 중 제1쪽)

관리번호	

(　　　)년 귀속 근로장려금·자녀장려금 정기(　) 기한 후(　) 신청서

※ **제4쪽, 제5쪽의 작성방법을 참고하여 작성**하시기 바라며, [　]에는 해당되는 곳에 √표를 합니다. (1쪽) ②가구원, ④전세금 명세, (2쪽) ⑤총급여액 등 작성 란을 초과할 경우에는, (3쪽) 근로장려금·자녀장려금 신청서 부속 명세서(Ⅰ·Ⅱ)를 이용하여 작성합니다.

① 신청자	① 성명		② 주민등록번호
	③ 주소		
	④ 휴대전화	⑤ 유선전화	⑥ 전자우편

② 가구원 (신청자 제외)	⑦ 관계	⑧ 성 명	⑨ 주민등록번호	⑦ 관계	⑧ 성 명	⑨ 주민등록번호
			-			-
			-			-

※ ②가구원에는 전년도 12.31. 현재 모든 가구원을 적습니다. (기입란이 부족하면 3쪽에 기재)

③ 신청 자격		
	Q1. 가구 유형 (단독·홑벌이·맞벌이)	
	Q1-1. 전년도 12.31일 현재 가구원으로 배우자, 만 18세 미만 부양자녀, 주민등록표상 동거하는 만 70세 이상 직계존속이 모두 없습니까? • 부양자녀(만 18세 미만), 직계존속(만 70세 이상)은 연간소득금액이 100만 원 이하일 것	예 [ ](→단독가구) (→Q2-1) 아니오 [ ](→Q1-2)
	Q1-2. 배우자가 있고, 본인 및 배우자의 전년도 "총급여액 등" 이 둘 다 각각 300만원 이상입니까? • 총급여액이란 근로(상용,일용), 사업, 종교인소득의 합계액을 말함	예 [ ](→맞벌이가구) 아니오 [ ](→홑벌이가구)
	Q1-3. (자녀장려금 신청자의 경우 추가 질문) 전년도 12.31일 현재 가구원으로 만 18세 미만 부양자녀가 있습니까? 있다면 몇 명입니까?	없음 [ ] (→자녀장려금 대상아님) 있음 [ ](명)
	Q2. 소득 요건	
	Q2-1. (근로장려금 신청자의 경우) 신청자와 배우자의 전년도 '연간 총소득' 합계액 "이 아래 가구 유형별(Q1.가구 유형에서 확인) 총소득 기준금액 미만입니까? 단독 가구(2천 2백만원) / 홑벌이 가구(3천 2백만원) / 맞벌이 가구(3천 8백만원) • 총소득이란 근로.사업.종교인.이자.배당.연금.기타 소득의 합계액을 말하며 상세한 내용은 4쪽에서 확인	예 [ ](→Q3) 아니오 [ ](→신청대상아님)
	Q2-2. (자녀장려금 신청자의 경우) 홑벌이·맞벌이 가구 중 신청자와 배우자의 전년도 '연간 총소득' 합계액 "이 4천만원 미만입니까?	예 [ ](→Q3) 아니오 [ ](→신청대상아님)
	Q3. 재산 요건	
	Q3. 전년도 6월 1일 현재 신청자와 ②가구원이 소유한 토지·건물·주택·자동차·예금·전세금 등 재산의 합계액이 2억 4천만원 미만입니까?	예 [ ] 아니오 [ ](→신청대상아님)

(이하 중간 생략)

4. 부가가치세가 면제(영세율)되는 장애인 용품 (조세특례제한법 제47조의5)

국외에서 수입하는 재화나, 국내 사업자가 공급하는 재화나 용역에는 부가가치세가 붙습니다. 면세 상품을 제외하고 소비자는 사업자 등에게 부가가치세가 포함된 가격을 지불하거나 부가가치세를 별도로 부담해야 합니다. 장애인이라고 해서 다르지 않습니다. 그럼에도 불구하고 **장애인복지법 기준 등록장애인**이 구매하는 **장애인 보조기기**나 **장애인용으로 특수 제작된 의료기기**에는 부가가치세가 붙지 않습니다.

➲ 부가가치세 영세율이 적용되는 장애인 용품의 범위 (조세특례제한법 시행규칙 별표9의2)

장애인 보조기기 등으로서 다음 각 호의 어느 하나에 해당하는 물품과 그 수리용 부분품

1. 「장애인 · 노인 등을 위한 보조기기 지원 및 활용촉진에 관한 법률」 제3조 제2호 및 같은 법 시행규칙 제2조에 따른 보조기기로서 장애인용으로 특별히 제작된 다음 각 목의 것
   가. 팔 의지(義肢), 다리 의지(義肢)
   나. 수동휠체어, 전동휠체어
   다. 청각보조기기(청각보조기용 액세서리를 포함한다)
   라. 점자 교육용 보조기기
   마. 점자 읽기자료
   바. 휴대용 점자 기록기
   사. 프린터(점자프린터로 한정한다)
   아. 표준 네트워크 전화기(청각장애인용 골도전화기로 한정한다)
   자. 특수 출력 소프트웨어
   차. 특수키보드

카. 컴퓨터 포인팅용 장치
타. 다리 보조기
파. 척추 및 머리보조기
하. 팔 보조기
거. 보행용 막대기 및 지팡이
너. 촉각 막대기 또는 흰 지팡이
더. 팔꿈치 목발
러. 아래팔 목발
머. 겨드랑이 목발
버. 양팔 조작형 보행용 보조기기
서. 욕창방지 방석 및 커버
어. 욕창 예방용 등받이 및 패드
저. 와상용 욕창 예방 보조기구
처. 침대 및 침대장비(욕창방지용으로 한정한다)
커. 대소변 흡수용 보조기구
터. 비디오 자막 및 자막 텔레비전 해독기(국가 · 지방자치단체 또는 「방송법」 제90조의2에 따라 설립된 시청자미디어재단이 시 · 청각장애인에게 무료로 공급하기 위하여 구매하는 것으로 한정한다)
퍼. 시각 신호 표시기
허. 음성 출력 읽기 자료
고. 영상 확대 비디오 시스템

2. 「의료기기법」 제2조에 따른 의료기기로서 장애인용으로 특수하게 제작되거나 제조된 다음 각 목의 것
가. 보청기
나. 인공달팽이관장치(연결사용하는 외부장치 및 배터리를 포함한다)
다. 인공후두

* 상기 부가가치세 영세율을 적용받는 장애인의 범위: 장애인복지법 기준 등록장애인에 한함.

참고로 부가가치세법 제27조, 동법 시행령 제56조에 따라 시각·청각 및 언어의 장애인, 지체장애인, 만성신부전증 환자, 희귀난치성 질환자 등을 위한 용도로 특수하게 제작되거나 제조된 물품 중 기획재정부령으로 정하는 수입 물품의 경우에는 관세가 없거나 면제되는데, 그만큼 부가가치세도 세금이 경감되거나 감면됩니다.

EPILOGUE

장애인과 주택

차근차근 여기까지 이 책을 읽으셨다면 장애인 금융과 세금에 대해 이미 전문가가 되신 겁니다. 만약, 책을 아무리 봐도 이해가 되지 않는 부분이 있다면 전적으로 필자의 잘못입니다. 본인에게 꼭 필요한 제도 등이 있을 경우에는 해당 사업을 주관하거나 담당하는 정부, 지방자치단체, 공공단체, 각 은행 및 금융기관에 문의하시면 더욱 효과적일 것입니다.

이 책의 막바지에 와서 조금은 다른 이야기를 해볼까 합니다.

2018년부터 2021년 초까지는 뭐니 뭐니 해도 부동산의 시기였습니다. 최근 부동산 가격과 거래량이 조금 떨어졌다고는 하지만 교통 · 문화 · 교육 · 의료 등 사회적 인프라가 잘 갖춰진 지역의 아파트는 여전히 인기입니다. 게다가 공급예정지가 서울인 아파트의 분양권 청약시장은 여전히 뜨겁습니다.

장애인에게 주택은 비장애인보다 더 중요한 재산이 될 수밖에 없습니다. 따라서 LH공사가 주관하는 공공분양주택과 신혼희망타운 및 임대주택사업, 서울시의 기관추천 장애인 특별공급 프로세스, SH공사의 각종 주택사업들을 짚어 보며 이 책을 마무리해 볼까 합니다.

① LH공사의 공공분양주택, 신혼희망타운 사업 등

공공분양주택이란 국가, 지방자치단체, LH(SH 등 **지방공사 포함**)가 주택도시기금 등의 지원을 받아 건설하여 수분양자에게 공급·분양하는 **전용면적 85㎡ 이하의 주택**을 말합니다. 공공분양주택의 분양권을 취득하기 위한 일련의 행위를 청약이라고 하는데 일반적인 **청약자격**으로는 ① 1세대를 이루는 세대주 및 세대원 전원이 주택을 소유하고 있지 않아야 하고, ② 해당 주택을 공급하는 지역에 거주해야 하는 것이 원칙이며, ③ 청약통장을 보유(수도권은 청약통장 가입 후 1년 경과 & 12회 납입 시 1순위, 비수도권은 가입 후 6개월 경과 & 6회 납입 시 1순위)해야 합니다. 만약, **1순위 내에 경쟁이 발생**할 경우에는 전용면적 40㎡를 초과하는 주택인 경우에는 **저축총액이 많은 사람**이 우선하고, 전용면적 40㎡ 이하인 경우에는 **저축횟수가 많은 사람**이 우선합니다.

LH공사의 공공분양주택은 공급 유형과 수분양자 유형에 따른 비율이 정해지는데, 크게 **특별공급**과 **일반공급**으로 나눌 수 있습니다. **특별공급은 70%**(생애최초 20%, 신혼부부 20%, **기관추천-등록장애인 등 10%**, 기관추천-국가유공자 5%, 3명 이상의 다자녀가구 10%, 노부모부양 5%), **일반 공급은 30%**입니다.

따라서 장애인은 ① **장애인복지법 기준 등록장애인**으로서 **기관추천을 받아 특별공급으로 청약**(**이때는 주택청약종합저축에 가입하고 있지 않아도 됨**)하거나, ② 기관추천을 받지 못한 경우에는 생애최초, 신혼부부 등 특별공급 요건에 부합할 때는 **특별공급**으로 아니면 **일반공급**으로 청약할 수 있습니다. 그 밖에 공공분양주택에 청약하려는 사람은 소득 요건과 자산 요건 등을 충족해야 하는데, 보다 자세한 사항은 LH공사 홈페이지를 참조하시기 바랍니다(https://www.lh.or.kr/contents/cont.do).

➲ LH공사의 공공분양주택 공급유형별 요약과 공급비율

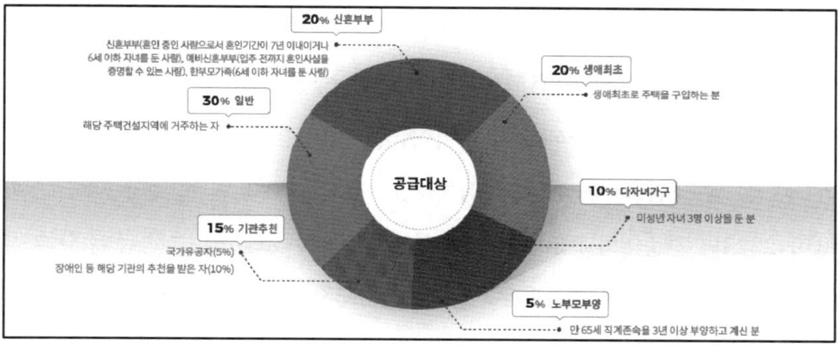

* 상기 자료: LH공사 홈페이지(https://www.lh.or.kr/contents/cont.do)

LH공사는 공공분양주택뿐만 아니라 **신혼희망타운**의 분양(임대분양)도 주관하고 있습니다. **신혼희망타운이란 신혼부부** 또는 **예비신혼부부, 한부모가족에게 분양형**으로 공급하되, **장기임대주택**을 **믹스**(Social Mix)하여 공급하는 주택을 일컫습니다. 신혼희망타운을 통해 공급되는 주택의 면적은 **전용면적 60㎡ 이하만 가능**합니다.

신혼희망타운의 청약자격은 ① 입주자 모집공고일부터 입주할 때까지 1세대를 구성하는 세대주와 세대원 **모두가 무주택자**이어야 하고, ② **혼인기간 7년 이내이거나 6세 이하**(만 7세 미만)**의 자녀를 둔 신혼부부** 또는 공고일로부터 1년 이내에 혼인 사실을 증명할 수 있는 **예비신혼**

부부, 6세 이하(만 7세 미만)**의 자녀를 둔 한부모가족의 부 또는 모 중 어느 하나에 해당**하며, ③ **주택청약종합저축**(청약저축 포함)**에 가입하여 가입기간 6개월 경과 및 6회 이상 납입한 사람**이어야 하고, ④ **전년도 도시근로자 월평균소득의 130% 이하**(맞벌이의 경우에는 140% 이하)이어야 하며, ⑤ **총자산**(토지+건물+자동차+금융자산−부채) **합계액이 기준금액 이하**(2023년 기준 3억 7,900만 원 이하)이어야 하고, ⑥ 주택공급가격이 총자산가액을 초과하는 경우 입주할 때까지 '신혼희망타운 전용 주택담보 장기대출상품'에 주택가격 30% 이상을 가입해야 하는 등 모든 요건을 충족해야 합니다.

배정된 물량을 초과해서 다수의 인원이 청약신청할 때는 정해진 기준에 의거하여 **입주자 선정**을 하게 됩니다. ① **우선공급**의 경우에는 **가구소득, 공급주택 소재 지역 연속 거주기간, 주택청약 종합저축 납입 횟수** 등의 점수를 합산하여 **종합점수가 높은 사람**에게 우선적으로 공급하고, ② **일반공급**의 경우에는 **미성년자 수, 무주택기간, 공급주택 소재 지역 연속 거주기간, 주택청약 종합저축 납입횟수** 등의 점수를 합산하여 **종합점수가 높은 사람**에게 **공급**합니다. 자세한 사항은 LH 공사 홈페이지를 참조하시기 바랍니다(https://apply.lh.or.kr/LH/index.html?Sls#GUD::CLCC_GUD_0190:10206).

그 밖의 LH공사에서 주관하는 **임대주택사업**은 **국민임대주택, 공공임대주택, 영구임대주택, 장기전세주택** 등이 있습니다. 각 임대주택사업 제도의 의의와 특징, 유의 사항은 다음의 [추가 안내]를 참조하시기 바랍니다.

➲ [추가 안내] LH공사 주관 '임대주택사업' 요약 및 특징

구분	주택유형별 특징
국민 임대 주택	장기 공공임대주택 재고량을 선진국 수준으로 확대하여 무주택 저소득층(소득 1~4분위 계층)의 주거안정을 도모하기 위해 국가재정과 국민주택기금을 지원받아 국가·지방자치단체·한국토지주택공사 또는 지방공사가 건설·공급하는 주택으로 저렴한 임대료로 장기간(최대 30년) 임대하지만, 분양전환은 되지 않음. **[입주자격]** 입주자 모집공고일 현재 무주택 세대구성원으로서, 소득 및 자산 기준을 충족하는 자 **[임대조건]** 시중 시세의 60~80% 수준
영구 임대 주택	저소득층 주거안정을 위해 1989년에 국내 최초로 시도된 사회복지적 성격의 임대주택으로, 정부의 재정보조를 받아 전용 26.34㎡~42.68㎡ 규모로 19만여 호(공사 14만여 호)가 건설되어 기초생활수급자 등과 같은 저소득층에게 저렴한 임대료로 공급되는 주택 **[입주자격]** 기초생활수급자, 국가유공자, 한부모가족 등 **[임대조건]** 시세의 30% 수준

구분	주택유형별 특징
장기 전세 주택	국가, 지방자치단체, 한국토지주택공사 또는 「지방공기업법」 제49조에 따라 주택사업을 목적으로 설립된 지방공사(이하 "지방공사"라 한다)가 임대할 목적으로 건설 또는 매입하는 주택으로서 최대 임대기간 20년 이내에서 전세계약의 방식으로 공급하는 임대주택 **[입주자격]** 입주자 모집공고일 현재 무주택 세대구성원으로서, 소득 및 자산 기준을 충족하는 자

* 자료: LH청약센터 홈페이지(분양임대가이드 〉 임대주택) 참조
* 소득 · 자산 기준: 각 임대주택별 모집공고문을 확인

<table>
<tr><th>구분</th><th>주택유형별 특색</th></tr>
<tr><td>공공
임대
주택
[5(10)년/
50년]</td><td>

• 5년(10년) 공공임대주택

[입주자격 및 임대조건]

<table>
<tr><th>구분</th><th>입주자격</th><th>임대조건</th><th>비고</th></tr>
<tr><td>전용 85㎡
이하</td><td>무주택 세대구성원으로서
청약저축 가입자 우선</td><td>보증금+
월임대료</td><td>시중 시세
90% 수준</td></tr>
<tr><td>전용 85㎡
초과</td><td>20세 이상인 자로서
청약예금 가입자 우선</td><td>보증금+
월임대료</td><td>시중 시세
수준</td></tr>
</table>

• 분납 임대주택

입주자가 입주 시까지 집값의 일부를 초기 지분금(30%)으로 납부하고, 남은 임대기간 동안 단계적으로 잔여 지분금을 모두 납부하여 분양전환을 받는 주택

[입주자격 및 임대조건]

<table>
<tr><th>구분</th><th>입주자격</th><th>임대조건</th><th>비고</th></tr>
<tr><td>전용 85㎡
이하</td><td>무주택 세대구성원으로서
청약저축 가입자 우선</td><td>보증금+
월임대료</td><td>–</td></tr>
<tr><td>전용 85㎡
초과</td><td>20세 이상인 자로서
청약예금 가입자 우선</td><td>보증금+
월임대료</td><td>–</td></tr>
</table>

</td></tr>
</table>

<table>
<tr><th>구분</th><th>주택유형별 특색</th></tr>
<tr><td></td><td>
[분납금 납부시기 및 비율]
<table>
<tr><th>납부시기</th><th>납부비율</th><th>납부기준</th></tr>
<tr><td>입주 시까지</td><td>전체 지분의 30%</td><td>최초주택가격(택지비 조성원가의 60~85%+표준건축비)</td></tr>
<tr><td>입주 후 4/8년</td><td>40%(각 20%)</td><td>최초주택가격+기간이자와 감정가격 중 적은 금액</td></tr>
<tr><td>임대기간 종료 시</td><td>30%</td><td>감정가격</td></tr>
</table>

• 50년 공공임대주택
영구임대주택을 대체할 목적으로 기금 등을 지원받아 한국토지주택공사 또는 지자체가 건설·공급하는 임대주택으로 분양전환은 되지 않음.

[임대조건] 보증금+월임대료
</td></tr>
</table>

* 자료: LH청약센터 홈페이지(분양임대가이드 〉 임대주택) 참조

② 서울시의 기관추천 장애인 특별공급 프로세스

서울시는 서울시 · 경기도 · 인천지역에서 분양(공공 · 민간 · 사전분양)하는 공동주택(아파트)에 한해 장애인으로부터 기관추천 신청을 받고, 배정된 인원에 따라 심사기준(배점기준표)을 거쳐 기관추천을 진행하고 있습니다. 서울시로부터 기관추천을 받은 장애인은 해당 공동주택(아파트)에 **특별공급으로 청약**하면 됩니다.

서울시 기관추천 신청 자격

① **장애인복지법 기준 등록장애인**에 한하여, ② **등록장애인 본인(신청인)은 만 19세 이상 성년**이어야 하고, ③ 등록장애인 본인(신청인)은 **신청일 현재 서울시에 거주** 및 **서울시 거주기간이 3개월 이상**이어야 하며, ④ 입주자 모집공고일 현재 동일 1세대를 이루는 **세대주 및 세대원 모두가 무주택자**이어야 하는 등 모든 요건을 충족해야 합니다.

서울시 기관추천 장애인 특별공급 프로세스 및 청약절차

① 공동주택의 사업주체는 서울시로 기관추천 대상자를 추천해 줄 것을 의뢰(**공급면적별 추천인원 의뢰**)하고 → ② 서울시는 **서울시의 장애인 기관추천 공고**(**서울시 복지포털 홈페이지 공고** 및 카카오 알림톡 발송)를 내며 → ③ **장애인**(**또는 위임받은 자**)은 신청기간에 **구비서류** 등을 갖춰 기관추천을 받고자 하는 주택의 유형과 공급면적을 정해 **주민센터에 신청**하고 → ④ 주민센터에 접수된 문서는 서울시로 통합되고 서울시는 **배점 기준표에 의거 고득점 순으로 기관추천자를 선정**하며 → ⑤ **서울시는 기관추천자 명단을 분양사로 통보** 및 **기관추천 확정자와 예비자에게 개별적으로 안내**(문자)하고 → ⑥ 기관추천 확정자 및 예비자로 **선정된 등록장애인은 청약일**(공급 신청일)**에 청약홈**(www.applyhome.co.kr)**과**

LH공사 홈페이지 등을 통해 '**특별공급으로 청약신청**'을 하며 → ⑦ 만약, **기관추천 확정자가 청약**했다면 특별한 결격사유가 없을 경우 **당첨자로 확정**되어 분양권을 취득할 수 있습니다.

➲ [추가 안내] 서울시 복지포털 홈페이지

(장애인 기관추천 공고, 2023년 7월 24일 조회 기준)

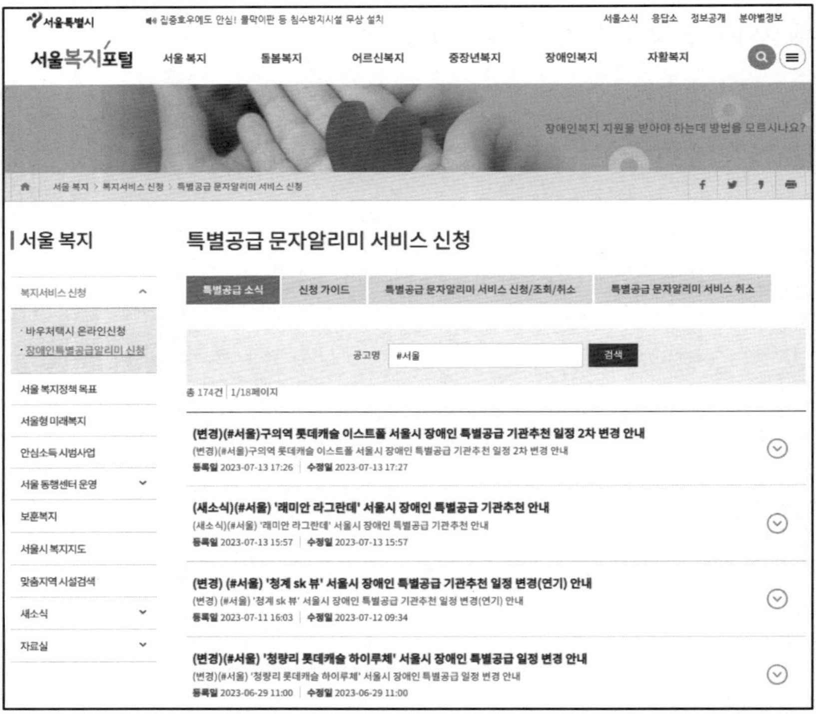

특별공급 개요
- 특별공급 대상 : 래미안 라그란데 (서울특별시 동대문구 이문동 257-42번지 일원)
- 특별공급 세대 : 13세대 (서울시 고배점자 추천, 장애인 특별공급 배점 확인)
- 분양문의 : 02-407-3069

래미안 라그란데										
타입(m²)		52	55	59A	59B	74A	74C	84A	84B	합계
추천	확정	1	3	3	2	1	1	1	1	13
	예비	5	15	15	10	5	5	5	5	65

일단 장애인이 서울시에 기관추천을 신청할 때 **구비할 서류**로는 ① **특별공급 신청서류(특별공급 신청서, 장애인 특별공급 우선순위 배점기준표, 개인정보동의서, 무주택서약서)**, ② 주민등록등본, ③ 주민등록초본, ④ 가족관계증명서, ⑤ 세대구성원 전원의 최근 10년간 지방세 세목별 과세 증명서(전국 단위로 조회 기준)입니다. 만약, 장애인 본인이 아니라 대리인이 방문 신청할 경우에는 **위임장**이 추가적으로 필요하고, 주택 분에 관한 재산세 납세 이력이 있는 사람은 **등기사항증명서**를 추가로 제출해야 합니다.

서울시는 신청자들 중에서 **배점기준표**에 의한 고득점자를 **우선적으로 기관추천**합니다. 배점기준표 항목으로는 장애 정도, 무주택 세대구성원 기간, 세대원 중 장애인 유무, 서울시 거주기간 등이 있습니다. 실제 배점기준표는 다음의 [추가 안내] 자료를 참고하시기 바라며, 보다 자세한 사항은 서울시 담당자 및 주민센터 장애인복지 담당자에게 문의하시기 바랍니다.

➲ [추가 안내] 장애인 특별공급 우선순위 배점기준표

<table>
<tr><th rowspan="2">평점요소</th><th colspan="4">배점기준</th><th rowspan="2">비고</th></tr>
<tr><th>총
배점</th><th colspan="2">기준</th><th>점수</th></tr>
<tr><td rowspan="2">장애 정도</td><td rowspan="2">20</td><td colspan="2">장애의 정도가 심한 장애인
(장애등급 폐지 전 1～3급)</td><td>20</td><td rowspan="2">• 입주자 모집공고일 현재 무주택 세대구성원인 장애인(특별공급 신청자)
• 지적장애인 · 정신장애인 및 장애의 정도가 심한 뇌병변장애인의 배우자가 무주택 세대주 구성원으로서 특별공급을 신청한 경우 해당 장애인의 장애 정도</td></tr>
<tr><td colspan="2">장애의 정도가 심하지 않은 장애인
(장애등급 폐지 전 4～6급)</td><td>10</td></tr>
<tr><td rowspan="10">무주택 세대구성원 기간</td><td rowspan="10">30</td><td colspan="2">10년 경과자</td><td>30</td><td rowspan="10">• 본인거증 책임
–세대구성원 전원의 최근 10년간 지방세 세목별 과세증명서 구비 (재산세(주택) 항목의 과세내역 확인)
–정확한 주택 매도시점을 확인하기 위해 등기사항증명서 또는 건축물관리대장 등의 서류를 징구할 수 있음.
• 무주택 세대구성원 기간: 아래 3가지 조건을 모두 충족하는 기간을 말함.
① 최초 장애등록일 이후(장애 취소 재등록한 경우, 재등록일 이후)
② 신청인이 만 19세가 넘은 이후
③ 주택을 소유하였던 세대구성원이 그 주택을 매도한 이후</td></tr>
<tr><td colspan="2">9년 경과자</td><td>25</td></tr>
<tr><td colspan="2">8년 경과자</td><td>20</td></tr>
<tr><td colspan="2">7년 경과자</td><td>15</td></tr>
<tr><td colspan="2">6년 경과자</td><td>10</td></tr>
<tr><td colspan="2">5년 경과자</td><td>7.5</td></tr>
<tr><td colspan="2">4년 경과자</td><td>5</td></tr>
<tr><td colspan="2">3년 경과자</td><td>3.5</td></tr>
<tr><td colspan="2">2년 경과자</td><td>2</td></tr>
<tr><td colspan="2">1년 경과자</td><td>1</td></tr>
<tr><td rowspan="2">세대원 중 장애인 유/무</td><td rowspan="2">10</td><td rowspan="2">세대원 중 장애인이 있는 가구</td><td>2인 이상</td><td>10</td><td rowspan="2">• 공급신청자 미포함
–공급신청자인 해당 장애인 미포함
–지적장애인 · 정신장애인 및 장애의 정도가 심한 뇌병변장애인의 배우자가 공급신청자인 경우 해당 장애인 미포함</td></tr>
<tr><td>1인</td><td>5</td></tr>
</table>

<table>
<tr><th rowspan="2">평점요소</th><th colspan="3">배점기준</th><th rowspan="2">비고</th></tr>
<tr><th>총 배점</th><th>기준</th><th>점수</th></tr>
<tr><td rowspan="5">세대원 구성</td><td rowspan="5">20</td><td>5인 이상</td><td>20</td><td rowspan="5">• 동거인 미포함
• 무주택 세대구성원수
※배점기준표 참고사항 4번 '세대구성원' 참고</td></tr>
<tr><td>4인</td><td>16</td></tr>
<tr><td>3인</td><td>12</td></tr>
<tr><td>2인</td><td>8</td></tr>
<tr><td>단독세대</td><td>4</td></tr>
<tr><td>65세 이상인 장애인 유 · 무</td><td>5</td><td>65세 이상 장애인이 있는 가구</td><td>5</td><td>• 공급신청자 미포함
–공급신청자인 해당 장애인 미포함
–지적장애인 · 정신장애인 및 제3급 이상의 뇌병변장애인의 배우자가 공급신청자인 경우 해당 장애인 미포함</td></tr>
<tr><td rowspan="6">서울시 거주기간</td><td rowspan="6">15</td><td>5년 이상</td><td>15</td><td rowspan="6">• 신청자의 장애인 등록시점부터 입주자 모집공고일 현재, 계속하여 서울시에서 거주한 기간
※장애 취소 후 재등록 시 재등록 시점부터
※신청자격이 발생하는 만 19세 이후의 기간만 산입
• 타지역에서 이주한 경우 최종 서울시 전입일로부터 산정</td></tr>
<tr><td>4년</td><td>12</td></tr>
<tr><td>3년</td><td>9</td></tr>
<tr><td>2년</td><td>6</td></tr>
<tr><td>1년</td><td>3</td></tr>
<tr><td>1년 미만</td><td>1</td></tr>
<tr><td colspan="3">본인 배점 합계</td><td></td><td>※허위작성 시 해당 신청을 무효처리 할 수 있습니다.</td></tr>
</table>

③ SH공사의 각종 주택사업들

최근 SH공사는 토지임대부 분양주택사업도 주관하고 있습니다. **토지임대부 분양주택**이란 **토지소유권**(토지)은 주택건설사업 **시행자**

에게 있고, **건축물 및 복리시설 등에 대한 소유권만(주택소유권)** 주택을 **분양받은 자가 가지는 주택**(「주택법」 제2조 제9호)을 말합니다. **토지에 대해서는 임대료를 지불**하는 대신 토지를 제외한 **주택만 분양가격**에 잡히기 때문에 합리적인 가격에 주택을 가질 수 있어 무주택자들의 자가 소유기회를 풍부하게 해주는 것이 장점이라고 할 수 있습니다. 토지임대부 분양주택에 대한 신청자격, 특별공급대상, 입주대상, 소득 요건, 자산 요건, 분양주택 뉴스 등 보다 자세한 사항은 SH공사 홈페이지를 참조하시기 바랍니다.

(https://www.i-sh.co.kr/main/lay2/S1T5832C5893/contents.do)

또한 SH공사는 다양한 임대주택 공급사업을 진행하고 있습니다. 장기전세주택, 영구임대주택, 공공임대주택, 국민임대주택, 행복주택, 매입형임대사업, 장기안심주택 등이 대표적인 것들입니다. 각 사업별 특징과 내용들은 다음의 [추가 안내]를 살펴보고, 보다 자세한 사항은 SH공사 홈페이지를 참조하시기 바랍니다.

(https://www.i-sh.co.kr/main/lay2/S1T230C231/contents.do)

➲ [추가 안내] SH공사의 임대주택 사업과 특징 요약

구분	종류별	내용	공급면적	임대의무기간
건설형	영구임대	소득 1분위 이하 생계 · 의료수급자용	전용 25~49㎡ 이하	50년
	공공임대	이주대책자, 청약저축 가입자	전용 84㎡ 이하	50년(특별), 20년(일반)
	국민임대	근로자 평균소득 70% 이하의 서민 대상	전용 59㎡ 이하	30년
	장기전세	중산층들을 위한 최대 20년 거주 전세형 임대주택	전용 129㎡ 이하	20년
	행복주택	청년층 주거안정을 위한 신개념 임대주택	전용 19~45㎡ 이하	6년 ~20년
매입형	재개발임대	민간 재개발 주택 매입임대	전용 59㎡ 이하	50년
	다가구, 원룸 매입임대	민간 다가구 원룸주택 매입 후 재임대	전용 84㎡ 이하	20년
	역세권 청년주택 (공공임대)	무주택 대학생, 청년, 신혼부부 계층을 위한 임대주택	전용 14~42㎡ 이하	• 대학생, 청년 (최대 6년) • 신혼부부 (최대 10년)
임차형	장기안심 주택	• 보증금 지원형 임대 • 리모델링 지원형 임대	전용 60㎡ 이하 (2인 이상: 85㎡ 이하)	최대 10년
	기존주택 전세임대	전세금 지원형 임대 (국비 지원)	전용 85㎡ 이하	최대 20년

이상으로 장애인, 장애인 가족, 장애인복지 담당자들을 위한 장애인 금융, 세금, 주택관련 대표적인 제도 등을 짚어 보았습니다. 재차 말씀드리지만 이 책을 참고하시되 실제 해당 제도를 신청, 가입, 계약 등을 할 때는 주관 기관 및 담당자에게 문의하시거나 반드시 상담을 받고 진행하시기를 당부드립니다.

마지막으로, 일본인 나이토 요시히토가 쓴 「신경 끄기 연습」이라는 책에 이런 말이 나옵니다. **'과연, 이런 방법은 참고할 만하다. 이렇게 하면 마음이 편해질 수 있겠구나. 뭐야 이런 방법도 있잖아? 라고 독자 여러분들이 생각했다면 필자로서 매우 큰 기쁨이다'**라고 말이지요. 제 마음과 똑같습니다. 저 같은 전문가도 실수할 수 있고 이 책이 완벽하지 않을 수도 있지만, 앞으로 계속 보완해 나가겠습니다. 긴 글 끝까지 읽어 주셔서 정말 감사드리고 고맙습니다.

신 관 식 拜上

APPENDIX

부록

장애인신탁을 활용한 증여세 절세 사례 등

[부록 ①] 장애인의 증여세 절세 사례: 장애인신탁 + 연금보험

1

사례 (고객 상황)

■ 고객의 상황과 니즈

① 홍길동 고객(60세)은 올해 돌아가신 아버님으로 부터 '토지 5억과 현금 8억'을 상속 받음
- 토지 : 주차장으로 이용 중, 상속재산평가시 5억 - 현금 : 상속세 납부 후 잔액 8억

② 홍길동 고객(60세)에게는 '청각장애를 갖고 있는 딸(29세)' 이 한 명 있음
- 딸 : 청각장애인(후천적 장애로 말은 할 수 있으며, 중증장애인(舊 3급)), 현재 공무원으로 근무 중

③ 홍길동 고객 니즈 : 딸 아이가 본인 부부 없이도 꿋꿋하게 살 수 있는 안전 장치 마련

※ 고객 재산 및 상황, 가계도는 실제 고객 사례와 다르며, 성명 또한 가명임

2

사례 (핵심 결론)

■ 결론 및 답변

고객님의 연령과 한국인의 기대수명 등을 고려하였을 때 '토지 5억과 현금 8억, 合 13억' 까지는 증여세가 발생하지 않게 재산을 장애인 딸에게 물려줄 수 있을 것 같습니다.

"장애인이 타인으로 부터 재산을 증여받고 & 신탁회사와 신탁계약을 체결하여 증여세 신고기한 내에 신고하는 경우 최대 5억원까지 증여세에 미포함"

- 상속세 및 증여세법 제52조2(장애인이 증여받은 재산의 과세가액 불산입)

+

"보험계약자와 보험수익자가 다른 계약에서 보험수익자가 장애인인 경우 장애인이 받는 보험금(연금보험의 연금 포함) 중에서 연간 4,000만원까지 증여세 비과세"

- 상속세 및 증여세법 제34조(보험금의 증여), 제46조(비과세되는 증여재산)
- 상속세 및 증여세법 시행령 제35조(비과세되는 증여재산의 범위 등)

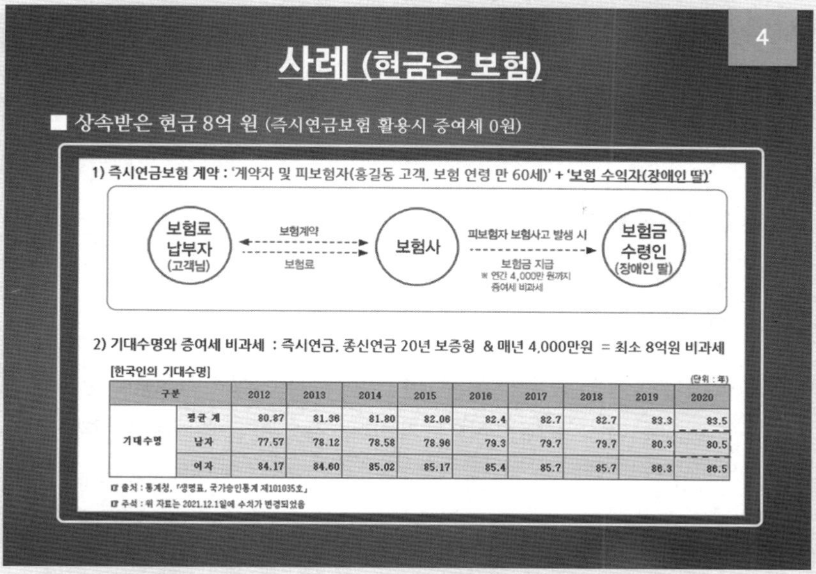

[자료 출처] 신관식, 「내 재산을 물려줄 때 자산승계신탁 · 서비스」, 삼일인포마인(2022년), 69~73면

[부록 ②] 장애인의 증여세 절세 사례: 창업자금 증여세 과세특례 + 장애인신탁

■ **질문**(Question)

나에게는 아들(32세, 남, 중증장애인, 후천적 청각장애)이 한 명 있다. 여태껏 무엇을 하고 싶다고 이야기해 본 적이 없는 녀석이 최근 무인 편의점 하나를 차리고 싶다고 한다. 임차보증금을 비롯하여 부족한 자금이 5억 원 정도인데, 이번 기회에 **창업자금을 증여하여 무인 편의점**을 열어 주고 싶다. 그리고 내가 갖고 있는 여러 주택 중 한 **주택**(서울시 소재 소형 아파트, 시가 5억 원)을 막내아들에게 **같이 증여**해주고 싶은데, 증여세를 아낄 수 있는 방법이 없을까?

■ **답변**(Answer)

▶ 장애인 자녀의 편의점 창업 지원: 창업자금 증여세 과세특례 활용

통계청에서 발표한 2021년 기업생멸행정통계 자료에 따르면 **2021년 말 기준으로 장애인이 대표자**(대표이사)**로 있는 활동기업**(이하, 장애인기업)**의 수는 약 27만 7천여 개**이다. 이는 전체 활동기업 수의 약 4%를 차지하고, 게다가 질문 내용에서 막내아들이 창업하려고 하는 **무인 편의점 등 도·소매업의 장애인기업 수도 약 4만 9천여 개**나 된다.

➲ 장애인기업의 전체 활동기업 및 도 · 소매업에서의 비중 현황

〈전체 활동기업 기준〉

(단위: 천 개, %)

장애인 · 비장애인	활동기업			
	2020년	2021년	전년비	구성비
전체	6,821	7,056	3.4	100.0
장애인	275	277	0.9	3.9
비장애인	6,546	6,779	3.6	96.1

〈도 · 소매업 기준〉

(단위: 천 개, %)

장애인 · 비장애인	활동기업			
	2020년	2021년	전년비	구성비
도 · 소매업	1,483	1,530	3.2	100.0
장애인	49	49	-0.4	3.2
비장애인	1,434	1,482	3.3	96.8

* 활동기업: 2021년 활동한 영리기업을 의미하며, 활동기업에는 신생기업과 소멸기업이 포함되어 있음.
* 장애인 기업: 소기업의 경우 대표자(대표이사)가 장애인, 소기업 이외 기업은 대표자(대표이사)가 장애인이면서 정규직 근로자 수의 30% 이상이 장애인인 기업

창업자금 증여세 과세특례는 현금 등 양도소득세가 과세되지 않는 재산을 만 60세 이상 부모부터 만 18세 이상의 국내 거주자인 자녀가 받을 때 가능한 것이므로, 장애인인 아들이 편의점을 내는데 필요한 자금 5억 원을 **부모가 현금으로 증여한다면 창업자금 증여세 과세특례를 적용받을 수 있다.**

따라서 **창업자금 증여세 과세특례 요건을 충족하는 경우에 한하여 증여세 계산 시 증여재산(5억 원)에서 일괄적으로 5억 원을 빼고 단일 특례세율 10%로 과세하는데, 이번 사례의 경우 증여재산가액이 공제 금액 이내에 있기 때문에 증여세는 나오지 않을 것**으로 판단된다(단, 증여일로부터 2년 내에 창업하고, 4년 이내에 증여받은 금액을 모두 써야 한다).

▶ 장애인 자녀가 평생 생활할 소형아파트 증여: 장애인신탁(증여세 과세가액 불산입) 활용

2022년 말 기준 통계청 자료에 따르면 우리나라의 등록장애인은 약 265만 2,860명이다. 등록장애인이란 장애인복지법 제2조 요건을 갖춘 장애인이 동법 제32조에 따라 시 · 군 · 구청에 장애인으로 등록한 사람을 의미한다. 즉, 장애를 갖고 있다 하더라도 시 · 군 · 구청에 등록하지 않은 사람들은 등록장애인에 포함되지 않기 때문에 실제로 장애인 인원은 이보다 더 많을 것이다.

북유럽 등 복지형 국가에 비해서 우리나라가 장애인들이 살아가는 데 있어 좋은 환경에 놓여있다고 할 수 없을 것 같다. 그럼에도 불구하고 세금적인 측면에서 보면 장애인들을 위한 여러 세제지원 제도가 있다.

예를 들면, 종합소득세 계산 시 인적공제 금액을 추가로 해주고 있고, 장애인 전용 보장성보험을 통해 추가적으로 보험료 세액공제를 더 받을 수도 있으며, 차량을 구입할 때 일정 요건을 충족할 경우 개별소비세 등 세액을 감면받을 수 있다. 특히 **부모 등 타인으로부터 재산을 증여받은 장애인이 장애인신탁과 평생 함께 한다면 증여받은 재산 중에서**

최대 5억 원까지는 증여세 과세가액에서 빠지기 때문에 증여세를 아낄 수 있다.

장애인신탁은 상속세 및 증여세법에 따라 ① **장애인인 아들이 부모로부터 부동산**(소형아파트, 시가 5억 원)**을 증여받고,** ② **증여세 신고기한 내에 신탁업 인가를 받은 신탁회사와 신탁계약**(장애인 사망 시까지 신탁계약 유지)**을 하고 신탁한 재산에 한해,** ③ **최대 5억 원까지는 증여세 재산가액에서 빠진다.**

이번 사례에서 장애인신탁을 활용하여 소형아파트를 장애인 자녀에게 증여한다면, 증여세는 나오지 않을 것으로 판단된다. 뿐만 아니라 고객님이 장애인 자녀에게 증여한 주택이 장애인신탁의 신탁재산으로 계속 유지되는 조건이라면, 질문자의 상속세를 계산할 때도 신탁된 재산은 증여시기에 상관없이 상속세 재산가액에 포함되지 않는다.

➲ 장애인신탁(자익신탁) 구조 및 특징 요약

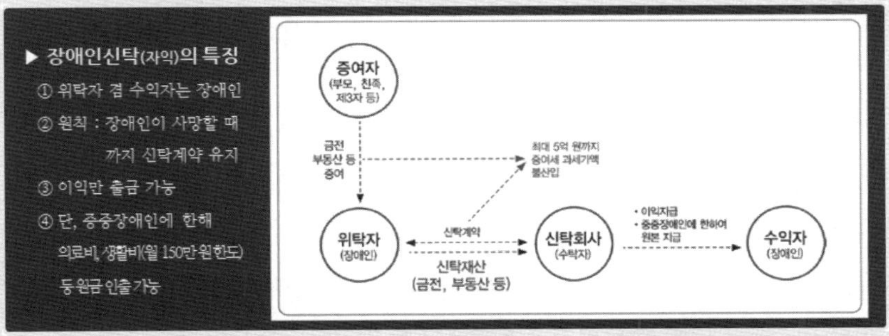

* 자익신탁: 위탁자와 수익자가 동일인인 신탁

[자료 출처] 신관식, '장애인 자녀의 독립을 위한 창업지원과 신탁', 조세금융신문(2023년 3월 1일 자 전문가칼럼 기사)

[부록 ③] 장애인신탁 제도 개선으로 세제 혜택↑

2018년 말 기준 우리나라 보건복지부에 등록된 장애인 인구는 259만 5,876명으로, 우리나라 전체 인구의 약 5.0%에 이른다. 특히, 인구 고령화가 가속화됨에 따라 만 65세 고령층 장애인 인구는 120만 6,482명으로 절반에 육박한다.

성별로 살펴보면 남성은 150만 명으로, 여성 109만 명보다 약 40만 명이 더 많은 것으로 집계되었다. 중증장애인은 98만 3,769명, 경증 장애인은 160만 2,107명으로 파악되었다.

1989년부터 장애 정도에 따라 1급에서 6급으로 적용했던 장애등급제는 2019년 7월 폐지되었다. 장애 판정 기준에 따라 행정적 등급을 부여해 사람에게 장애라는 낙인을 찍고, 장애 정도 및 장애 유형별 특성을 고려하지 않고 획일화된 복지서비스만을 제공한다는 비판을 받았기 때문이다.

장애등급제가 폐지되면서 장애인 복지제도는 많은 부분이 바뀌었다. 장애인 활동 지원 · 보조 서비스와 장애인 콜택시 이용이 기존에는 행정관청의 종합조사 후 기존에는 장애 1~3등급에게만 제한적으로 적용되었으나, 이제는 등급에 상관없이 신청 가능할 수 있게 되었다. **장애인 연금도 1급, 2급 및 3급 중복장애인에게만 한정적으로 지급**되었으나, 2022년부터는 장애 특성, 장애인의 소득 수준에 따라 지급될 수 있도록 개정되었다.

장애인신탁 관련 세제도 일정 부분 개선되었다. 우리나라 상속세 및 증여세법에서는 장애인이 부모 등으로부터 증여받은 재산을 증여세 신고기한(증여일에 해당하는 달의 말일로부터 3개월) 내에 신탁회사에서 수탁할 경우 5억 원을 한도로 증여재산가액 불산입을 해주어 세제상 혜택을 주고 있다.

세법이 개정되기 전에는 재산을 신탁한 중증장애인이 필요한 자금이 있어도 의료비(간병비 포함) 및 특수목적교육비에 한하여 원금 인출이 제한적으로 허용되었다. 그러나 법 개정 후에는 월 최대 150만 원까지 자금 인출이 가능해져 중증장애인의 생활비 일부를 신탁으로 해결할 수 있도록 개선되었다.

뿐만 아니라 기존에는 재산을 증여받은 장애인 본인이 직접 신탁회사와 신탁계약을 설정해야 했기 때문에 정신장애 등 후견인이 필요한 장애인은 현실적으로 신탁계약이 어려웠다. 그러나 법 개정 후에는 장애인에게 재산을 증여하고 싶은 부모 등이 신탁계약을 설정하고 수익자를 장애인으로 하여 관리할 수 있게 하는 등 편의성을 높였다.

앞으로 장애인 자녀나 손주를 두고 있는 사람은 장애인신탁을 전문적으로 취급하는 금융기관을 찾아 장애인 복지제도의 변경 내용과 신탁에 관한 설명을 꼭 들어보기를 바란다.

[자료 출처] 머니투데이, 2020. 3. 7. 기사, 신관식 세무사 기고

PROFILE

지은 사람 **신 관 식**

1982년 청풍명월의 고장인 충청북도 제천에서 출생했습니다.
2001년 중앙대학교에 진학하면서 서울 생활을 시작했습니다.
2005년 사회복지학 학사로 대학을 졸업한 뒤 군대 갔습니다.
2007년 제대 후 보험회사로 사회생활에 첫발을 디뎠습니다.
2013년 증권회사로 이직하고서 세무사 공부를 병행했습니다.
2016년 3년을 넘게 준비하고서 세무사 자격을 취득했습니다.
2017년 다른 증권회사로 이직한 후 신탁을 처음 접했습니다.
2022년 우리은행으로 이직하고 난 후 신탁 책을 펴냈습니다.
2023년 가업승계제도가 개선된 뒤에 신탁 책을 또 썼습니다.
2023년 장애인을 위해 금융과 세금에 관한 책을 펴냈습니다.

펴낸 책들

사례와 함께하는 자산승계신탁 • 서비스(삼일인포마인, 2022년)
내 재산을 물려줄 때 자산승계신탁 • 서비스(삼일인포마인, 2022년)
불멸의 가업승계 & 미래를 여는 신탁(헬로북스, 2023년)

대외 활동

한국금융연수원, 한국시니어TV, 한국세무사고시회 등 강의
머니투데이, 시사저널, 조세금융신문, 매일일보에 칼럼 기고
우리은행, 방송대지식+, 제네시스박, 부티플 등 유튜브 출연

강의 의뢰 및 문의

E-mail sksk1107@naver.com
Tel 02-2002-5984
블로그 자산승계신탁.서비스의 세계